智驱变革：
大数据赋能工业经济统计与产业升级

钱湘英 / 编著

图书在版编目(CIP)数据

智驱变革：大数据赋能工业经济统计与产业升级 / 钱湘英编著． -- 南京：东南大学出版社，2025.3.
ISBN 978-7-5766-2078-8

Ⅰ．F42
中国国家版本馆 CIP 数据核字第 20258YA534 号

策划编辑：宋华莉　　责任编辑：周荣虎　　责任校对：子雪莲
封面设计：王　玥　　责任印制：周荣虎

智驱变革：大数据赋能工业经济统计与产业升级
Zhiqu Biange: Dashuju Funeng Gongye Jingji Tongji Yu Chanye Shengji

编　　著	钱湘英
出版发行	东南大学出版社
出 版 人	白云飞
社　　址	南京市四牌楼 2 号　邮编：210096
网　　址	http://www.seupress.com
经　　销	全国各地新华书店
印　　刷	广东虎彩云印刷有限公司
开　　本	700 mm×1 000 mm　1/16
印　　张	10
字　　数	180 千字
版　　次	2025 年 3 月第 1 版
印　　次	2025 年 3 月第 1 次印刷
书　　号	ISBN 978-7-5766-2078-8
定　　价	68.00 元

本社图书若有印装质量问题，请直接与营销部联系，电话：025 - 83791830。

前　言

在当今数字化浪潮汹涌澎湃的时代，大数据已如一股强大的洪流，深刻地重塑着各个领域的发展格局。工业作为国家经济发展的重要支柱，其经济统计工作也正站在前所未有的变革路口，被赋予了全新的使命与责任。随着信息技术的飞速发展、数据的爆炸式增长以及数据处理能力的极大提升，大数据时代已然来临。其海量、高速、多样、低价值密度和真实性的显著特征，正在打破传统工业经济统计的固有边界。在这一背景下，工业经济统计不再局限于传统的定期报表、抽样调查等有限的数据来源与处理方式。工业生产过程中由物联网设备实时产生的海量生产数据、互联网平台上与工业产品相关的市场信息、社交媒体中蕴含的消费者对工业品牌的情感倾向与口碑数据等，都成为工业经济统计可挖掘的宝贵资源。这意味着工业经济统计必须与时俱进，拓展数据收集的广度与深度，革新数据处理与分析的方法体系，以适应大数据时代对信息全面性、准确性、及时性的严苛要求，进而精准地反映工业经济运行的真实状况，为工业企业的战略决策、行业的健康发展以及国家宏观经济政策的制定提供更为可靠、深入和具有前瞻性的依据。

本专著旨在深入探讨大数据如何驱动工业经济统计的创新与变革，并进一步助力工业产业的转型升级。笔者将围绕这一核心主题，深入剖析大数据在工业经济统计各个环节中的应用原理、方法与实践案例，详细阐述基于大数据的工业经济统计指标体系的重构策略，研究如何借助大数据技术提升数据质量、创新统计分析方法以及拓展统计应用场景等。同时，也将对大数据时代下工业经济统计所面临的数据安全与隐私保护等挑战进行深入探讨，并提出相应的应对策略。此外，还会关注工业经济统计领域的人才培养与学科建设的新需求与新模式，以及国际上其他国家在这一领域的先进经验与做法，以期为我国的工业经济统计在大数据时代的发展提供全面、系统且具有前瞻性的理论支持与实践指导。

本书整体框架分为多个章节，各章节之间相互关联、层层递进。笔者从大数据时代的背景阐述与工业经济统计面临的新挑战开启研究序幕，逐步深入到大数据技术在工业经济统计中的应用基础，包括数据采集、存储、处理与分析技术等核心内容；接着探讨如何基于大数据重构工业经济统计指标体系，以及如何利用大数据提升数据质量、创新统计分析方法并拓展应用场景；随后关注大数据时代工业经济统计中的安全与隐私保护、人才培养与学科建设等重要保障要素，通过国际比较与经验借鉴，汲取国外有益经验；最后对大数据时代工业经济统计的未来发展趋势进行展望，描绘其在技术演进、应用深化等多方面的发展蓝图，从而为读者呈现一个完整且深入的大数据时代下的工业经济统计研究体系，助力读者全面理解这一新兴领域的前沿知识与实践动态，为推动我国工业经济在大数据浪潮中的持续健康发展贡献一份力量。

本书是笔者多年研究和实践总结，由于水平有限，书中不足之处在所难免，恳请读者批评指正。

在本书出版之际，谨向给予大力支持与帮助的单位及个人致以最诚挚的谢意！

首先，感谢盐城市亭湖区工业和信息化局、盐城市亭湖区统计局、北京赛迪研究院、东南大学出版社等单位，感谢你们在学术研究、实践调研、出版资源等方面提供的全方位支持，为本书的顺利问世奠定了坚实基础。

特别致谢江苏省统计局李志勇处长、盐城市统计局朱杰局长、亭湖区人民政府钱成银区长、亭湖区工业和信息化局尤国刚局长、盐城市亭湖区统计局张梅书记、于红艳局长，以及亭湖区盐东镇石云书记、姚乾镇长，感谢你们在专业指导、数据调研、案例分析等环节倾囊相助，你们的洞见与经验让本书更具实践价值。

同时，要向研究团队成员蒋龙、李建丰、徐春艳、陈中书、高翔、成国红等同仁致以深切谢意，感谢你们在资料收集、数据分析、文稿撰写中夜以继日的协作与付出，团队的智慧与汗水是本书成型的关键动力。

更要感恩家人始终如一的理解与支持，是你们的包容让我在研究与创作中心无旁骛，得以全身心投入这份事业。

最后，衷心感谢所有为本书提供数据支持、技术协助的机构与个人，正是大家的共同努力，让这本凝聚着实践与思考的专著得以付梓。

目 录

第1章 大数据与工业经济统计基础理论 ·········· 001

1.1 大数据的内涵、特征与技术体系 ·········· 002
    1.1.1 大数据的内涵 ·········· 002
    1.1.2 大数据的特征 ·········· 003
    1.1.3 大数据的技术体系 ·········· 005

1.2 工业经济统计的范畴与目标 ·········· 010
    1.2.1 工业经济统计的范畴 ·········· 010
    1.2.2 工业经济统计的目标 ·········· 011

1.3 大数据与工业经济统计的融合点与理论支撑 ·········· 013
    1.3.1 大数据与工业经济统计的融合点 ·········· 013
    1.3.2 大数据与工业经济统计的理论支撑 ·········· 015

第2章 工业大数据的采集与整合 ·········· 021

2.1 工业数据的来源渠道 ·········· 022
    2.1.1 企业内部系统 ·········· 022
    2.1.2 物联网设备 ·········· 023
    2.1.3 互联网平台 ·········· 024

2.2 数据采集技术与工具 ·········· 025
    2.2.1 传感器技术 ·········· 025
    2.2.2 网络爬虫 ·········· 026
    2.2.3 数据接口 ·········· 027

- 2.3 数据整合的难点与解决策略 ····· 028
  - 2.3.1 数据清洗 ····· 028
  - 2.3.2 格式统一 ····· 029
  - 2.3.3 数据质量评估 ····· 030

第3章 基于大数据的工业经济统计指标体系重构 ····· 033
- 3.1 传统工业经济统计指标体系的局限性 ····· 034
- 3.2 大数据时代新指标的挖掘与筛选 ····· 035
  - 3.2.1 数字化生产指标 ····· 036
  - 3.2.2 创新效能指标 ····· 037
  - 3.2.3 绿色发展指标 ····· 038
  - 3.2.4 市场动态指标 ····· 039
- 3.3 新指标体系的构建原则与框架 ····· 040
  - 3.3.1 新指标体系的构建原则 ····· 040
  - 3.3.2 新指标体系的框架 ····· 041

第4章 大数据分析技术在工业经济统计中的应用 ····· 045
- 4.1 数据挖掘算法在工业数据中的应用 ····· 046
  - 4.1.1 关联规则挖掘 ····· 046
  - 4.1.2 聚类分析 ····· 047
- 4.2 机器学习模型助力工业经济预测 ····· 048
  - 4.2.1 回归分析 ····· 048
  - 4.2.2 时间序列预测 ····· 049
- 4.3 深度学习在工业图像与文本数据处理中的探索 ····· 050
  - 4.3.1 工业质检图像识别 ····· 050
  - 4.3.2 市场舆情分析 ····· 051

第5章 大数据驱动的工业经济运行监测与预警 ····· 055
- 5.1 实时监测体系的构建与架构设计 ····· 057

		5.1.1 数据采集频率的确定 ······ 057
		5.1.2 监测指标的选取 ······ 057
		5.1.3 系统架构的设计 ······ 058
	5.2	异常检测与预警机制 ······ 060
		5.2.1 基于统计模型的预警方法 ······ 060
		5.2.2 基于机器学习模型的预警方法 ······ 061
	5.3	预警信息的传播与应对策略 ······ 062
		5.3.1 预警信息的传播途径 ······ 062
		5.3.2 应对预案的制定原则 ······ 064
		5.3.3 新指标体系的构建 ······ 066

第6章 大数据助力工业企业生产与管理优化 ······ 069

- 6.1 生产流程优化的大数据应用案例 ······ 073
  - 6.1.1 精益生产中的大数据应用 ······ 073
  - 6.1.2 供应链协同的大数据应用 ······ 074
- 6.2 企业成本控制与资源配置的数据分析策略 ······ 075
  - 6.2.1 企业成本控制的数据分析 ······ 075
  - 6.2.2 企业资源配置的数据分析 ······ 076
- 6.3 产品质量提升与质量追溯的大数据方案 ······ 077
  - 6.3.1 产品质量提升的大数据应用 ······ 077
  - 6.3.2 产品质量追溯的大数据方案 ······ 078
- 6.4 案例总结与未来展望 ······ 080

第7章 大数据与工业产业结构调整及创新发展 ······ 081

- 7.1 产业结构分析的大数据视角 ······ 082
  - 7.1.1 产业关联度分析 ······ 082
  - 7.1.2 产业竞争力评估 ······ 083
- 7.2 创新驱动发展的大数据监测 ······ 084
  - 7.2.1 研发投入产出分析 ······ 084

　　　　7.2.2　专利趋势分析 ·· 086
　7.3　新兴产业培育与传统产业升级的大数据策略 ················· 087
　　　　7.3.1　新兴产业培育的大数据策略 ····························· 087
　　　　7.3.2　传统产业升级的大数据策略 ····························· 089

第8章　大数据在工业经济区域协同与全球化中的角色············ 091
　8.1　区域工业经济协同发展的大数据统计与分析 ················· 092
　　　　8.1.1　区域产业互补性分析 ····································· 092
　　　　8.1.2　要素流动分析 ·· 093
　8.2　工业企业全球化布局的大数据决策支持 ························ 095
　　　　8.2.1　市场潜力评估 ·· 095
　　　　8.2.2　风险预警 ··· 096
　8.3　国际工业经济数据比较与借鉴 ···································· 097
　8.4　大数据驱动的区域工业协同发展案例研究 ····················· 099
　8.5　大数据在工业经济区域协同与全球化中所面临的挑战与解决
　　　　策略 ·· 100

第9章　大数据驱动工业经济统计的安全与隐私保护············· 103
　9.1　工业数据安全的重要性与面临的挑战 ··························· 104
　　　　9.1.1　工业数据安全的重要性 ··································· 104
　　　　9.1.2　工业数据安全面临的挑战 ································ 105
　9.2　数据加密、访问控制等安全技术在工业统计中的应用 ······ 106
　　　　9.2.1　数据加密技术 ·· 106
　　　　9.2.2　访问控制技术 ·· 107
　9.3　隐私保护法规与数据合规性管理 ································· 108
　　　　9.3.1　隐私保护法规 ·· 108
　　　　9.3.2　数据合规性管理 ··· 109

第10章 大数据工业经济统计的人才培养与组织变革 …… 113

10.1 跨学科人才需求特点与培养模式 …… 114
10.1.1 跨学科人才需求特点 …… 114
10.1.2 跨学科人才培养模式 …… 115

10.2 企业组织架构调整与数据驱动文化建设 …… 116
10.2.1 企业组织架构调整 …… 116
10.2.2 企业数据驱动文化建设 …… 117

10.3 产学研合作在人才培养与技术创新中的作用 …… 118
10.3.1 人才培养方面 …… 118
10.3.2 技术创新方面 …… 119

第11章 大数据工业经济统计应用案例与实践经验 …… 127

11.1 不同行业的大数据统计应用案例剖析 …… 128
11.1.1 制造业案例：汽车制造企业的大数据应用 …… 128
11.1.2 能源业案例：电力企业的大数据实践 …… 129
11.1.3 化工业案例：化工企业的大数据应用 …… 131

11.2 成功企业的实践经验总结与启示 …… 132

11.3 案例推广与应用的局限性分析 …… 133

第12章 未来展望与研究趋势 …… 137

12.1 大数据工业经济统计的发展趋势预测 …… 138
12.1.1 技术演进 …… 138
12.1.2 应用拓展 …… 140

12.2 持续研究与创新的方向探讨 …… 141

12.3 总结与对未来工业经济发展的展望 …… 145

参考文献 …… 149

第 1 章

大数据与工业经济统计基础理论

在当今时代，大数据已经如同血液般渗透到工业经济统计的每一个角落。它不仅仅是一个简单的技术概念，更是一场深刻的社会变革，对工业经济的统计领域产生了前所未有的影响。这种影响首先体现在数据量的激增上，即从传统的有限样本数据转变为海量的全量数据，使得统计分析能够更加全面、深入地反映工业经济的真实面貌。同时，大数据技术的运用也极大地提高了数据处理的效率和精确度，为工业经济统计带来了革命性的变化。

面对这样的变革，研究大数据与工业经济统计的融合显得尤为重要和必要。首先，这是时代发展的必然要求。在数字化、网络化、智能化的大背景下，工业经济的运行模式正在发生深刻变化，传统的统计方法和手段已经难以满足新的统计需求。因此，我们必须紧跟时代步伐，探索大数据技术在工业经济统计中的应用，以适应新时代的发展需要。其次，这也是提高工业经济统计质量和效率的关键所在。大数据技术的应用不仅可以提高数据的收集、整理、分析能力，还可以帮助我们发现隐藏在数据背后的深层次问题和规律，为政府和企业提供更加科学、精准的决策依据。最后，这也是促进工业经济转型升级的重要途径。通过大数据与工业经济统计的深度融合，我们可以更好地把握工业经济的发展趋势和规律，推动工业经济向更高质量、更有效率、更加公平、更可持续的方向发展。

1.1 大数据的内涵、特征与技术体系

1.1.1 大数据的内涵

大数据，并非仅仅指数据量的庞大，它是一个涵盖了数据体量(Volume)、数据速度(Velocity)、数据多样性(Variety)、数据价值(Value)和数据真实性(Veracity)等多维度特性的综合性概念。从数据体量来看，随着信息技术的飞速发展，尤其是物联网、互联网应用的普及，数据的体量呈爆炸式增长。在企业的生产运营过程中，各类传感器源源不断地采集设备运行数据、环境监测数据。在互联网平台上，用户的浏览记录、社交互

动信息、在线交易数据等海量积累。这些数据的体量远远超出了传统数据处理系统的处理能力范围。

数据速度则强调数据产生与处理的及时性。在工业生产场景中，例如自动化生产线，设备的运行状态数据需要实时采集、传输和分析，以便及时发现故障隐患并进行调整，因为任何延迟都可能导致生产中断或质量问题。在社交媒体平台上，用户的动态信息不断实时更新，企业需要快速捕捉这些信息，以把握市场情绪和消费趋势的变化，及时调整营销策略。

数据多样性体现了大数据来源和类型的丰富性。工业数据包括结构化的生产工艺参数、设备维护记录，半结构化的设备日志文件，以及非结构化的工业图像、视频监控数据等。在商业领域，既有来自企业内部财务系统、客户关系管理系统的结构化数据，也有来自社交媒体、电子邮件、客服语音记录等的非结构化数据。这些不同类型的数据需要采用不同的处理方式和技术手段。

数据价值是大数据的核心所在。尽管大数据中存在大量的冗余信息，但通过有效的数据挖掘和分析技术，可以从海量数据中提取出有价值的知识和信息，如发现新的市场需求、优化生产流程、预测设备故障等，为企业决策提供有力支持，从而创造巨大的商业价值。

数据真实性关注数据的质量和可信度。在大数据环境下，数据来源广泛且复杂，数据的准确性、完整性和一致性面临挑战。例如：在工业物联网中，传感器可能因环境干扰或故障而产生错误数据；在用户数据采集过程中，可能存在虚假注册或信息填写不完整等情况。确保数据的真实性是提高大数据分析结果可靠性的重要前提。

1.1.2 大数据的特征

1) 规模性

大数据的规模巨大，从 TB 级别跃升至 PB、EB 甚至 ZB 级别。以互联网巨头为例，谷歌每天处理的数据量高达数 PB，其搜索引擎索引的网页数以百亿计。在工业领域，大型制造企业的生产数据中心存储着海量的设备运行数据、产品质量检测数据以及供应链数据等。这种大规模的数据量为深入分析和挖掘数据价值提供了丰富的素材，但同时也对数据存储、计算和管理能力提出了极高的要求。传统的数据处理技术和工具在面对如此庞大的数据量时往往显得力不从心，需要借助分布式文件系统（如 Hadoop Distributed File System，HDFS）和大规模并行处理数据库（如 Hive、Spark SQL）等专门为大数据设计的技术架构来实现数据的高效存储和处理。

2）高速性

数据的产生和传输速度极快。在金融领域，股票交易市场每秒都有成千上万笔交易发生，交易数据需要实时处理和分析，以便用户及时作出投资决策。在工业互联网中，高速运转的生产设备每秒都在产生大量的运行参数数据，这些数据需要实时传输到数据处理中心进行分析，以实现对生产过程的实时监控和优化。例如，在汽车制造企业的自动化生产线上，机器人的运动轨迹、焊接参数等数据以毫秒级的速度产生和传输。一旦检测到异常数据，系统能够迅速发出警报并采取相应的调整措施，以确保生产过程的连续性和产品质量的稳定性。为了满足数据高速处理的需求，出现了诸如流计算（如 Apache Flink、Apache Storm）等技术，能够在数据产生的瞬间进行实时计算和分析，及时提取有价值的信息。

3）多样性

大数据涵盖了多种类型的数据格式，包括结构化数据，如关系数据库中的表格数据具有明确的行和列定义，易于存储和查询，工业生产中的订单信息、员工考勤记录等多属于此类；半结构化数据，如 XML、JSON 格式的数据具有一定的结构，但不如结构化数据严格，常见于日志文件、配置文件等；非结构化数据，如文本、图像、音频、视频等，这类数据没有固定的结构，难以用传统的数据库管理系统进行处理。例如：在工业视觉检测系统中，摄像头采集的产品图像数据属于非结构化数据，需要通过图像识别技术进行分析处理，以检测产品表面的缺陷；在客户服务领域，用户与客服人员的通话录音属于非结构化音频数据，可通过语音识别技术转换为文本后进行情感分析和问题分类。不同类型的数据需要采用不同的技术手段进行采集、存储和分析，这也增加了大数据处理的复杂性。

4）价值性

大数据蕴含着巨大的潜在价值，但价值密度相对较低。在海量数据中，只有通过有效的数据挖掘和分析技术，才能提取出有价值的信息。例如：在电商平台的海量用户浏览和购买记录中，通过关联规则挖掘技术可以发现不同商品之间的潜在关联关系，从而为用户推荐个性化的商品组合，提高销售额；在工业生产中，通过对大量的设备运行数据进行分析，可以找出设备发生故障的潜在规律，提前进行维护保养，以降低设备故障率，提高生产效率。然而，由于数据量庞大，挖掘有价值信息的难度较大，需要投入大量的计算资源和先进的数据分析技术，如数据挖掘算法中的聚类分析、分类算法、预测模型等，以及机器学习和深度学习技术，以提高价值发现的效率和准确性。

5）真实性

大数据的真实性是确保数据分析结果可靠性的关键。在大数据采集过程中，由于数据来源广泛、渠道多样，数据的质量可能受到多种因素的影响。例如：在社交媒体数据采集中，用户可能会发布虚假信息或夸大其词；在工业传感器数据采集过程中，传感器可能因老化、环境干扰等产生误差数据。因此，在进行大数据分析之前，需要对数据进行清洗、验证和去噪等预处理操作，以提高数据的真实性和可靠性。同时，应建立数据质量管理体系，对数据的整个生命周期进行监控和管理，以确保数据的准确性、完整性和一致性。例如，在医疗大数据领域，患者的电子病历数据需要进行严格审核和验证，以确保数据的真实性，避免因错误数据导致医疗诊断失误。

1.1.3 大数据的技术体系

1）采集技术

数据采集是大数据处理的第一步，其目标是从各种数据源中获取数据并将其传输到数据处理平台。针对不同类型的数据源和数据格式，可以采用多种采集技术。

（1）传感器技术

传感器技术在工业领域广泛应用，主要用于采集物理世界的各种参数，如温度、压力、湿度、位移、速度等。例如，在制造业中，安装在生产设备上的传感器可以实时监测设备的运行状态，为设备维护和生产优化提供数据支持。传感器技术是朝着高精度、高灵敏度、低功耗和小型化方向发展的，同时具备无线传输功能，以便更方便地部署和集成到物联网系统中。

（2）网络爬虫技术

网络爬虫技术主要用于从互联网上采集公开的信息数据，如网页内容、社交媒体数据、新闻资讯等。网络爬虫按照一定的规则和算法自动遍历互联网上的网页链接，提取所需的信息并存储。例如，市场调研公司可以利用网络爬虫技术采集电商平台上的产品信息、价格数据、用户评价等数据，用于分析市场趋势和消费者需求。为了避免对目标网站造成过大的访问压力和遵守法律法规，需要合理设置网络爬虫的爬取策略和频率，并进行必要的身份验证和数据过滤。

（3）日志采集技术

日志采集技术主要用于采集系统和应用程序产生的日志文件数据。日志文件记录了系统运行过程中的各种事件和状态信息，如服务器日志、应用程序日志等。通过对日志数据进行采集和分析，可以了解系统的运行状况并发现潜在的安全隐患和性能问题。常见的日志采集工具包括 Fluentd、Logstash 等，它们能够对不同格式的日志文件进行采集、解析和传输，将日志数据发送到数据处理平台进行进一步分析。

（4）数据存储技术

大数据的存储需要能够应对数据量巨大、数据类型多样以及数据读写速度要求高等挑战。

（5）分布式文件系统

Hadoop Distributed File System（HDFS）是一种基于分布式架构的文件存储系统，能够将大文件分割成多个数据块，存储在不同的节点上，并提供高容错性和高可靠性。HDFS 适用于存储大规模的结构化和非结构化数据，如工业生产中的图像、视频数据以及日志文件等。其特点是具有良好的扩展性，能够随着数据量的增加方便地添加新的存储节点，提高存储容量。

（6）分布式数据库

分布式数据库包括 NoSQL 数据库和 NewSQL 数据库。NoSQL 数据库如 MongoDB、Cassandra 等，不遵循传统的关系型数据库模型，能够灵活处理非结构化和半结构化数据，具有高可扩展性、高性能和高可用性等特点，适用于存储海量的用户数据、社交数据、物联网数据等。NewSQL 数据库则结合了传统关系型数据库的事务处理能力和 NoSQL 数据库的可扩展性，如 Google Spanner、CockroachDB 等，能够满足对数据一致性和事务处理要求较高的大数据应用场景，如金融交易数据处理、企业资源计划(Enterprise Resource Planning，ERP)系统等。

（7）云存储

云存储借助云计算技术提供存储服务，如 Amazon S3、Microsoft Azure Blob Storage 等。云存储具有按需使用、弹性扩展、成本低等优势，企业无需自行构建和维护庞大的存储基础设施，只需根据实际需求租用云存储服务即可。云存储还提供了数据备份、数据加密、数据共享等功能，方便企业对大数据进行管理和应用。

2）数据处理技术

大数据处理技术旨在对大规模、多源、异构的数据进行高效处理和分析，从而提取有价值的信息。

（1）批处理技术

批处理技术以 Hadoop MapReduce 为代表，适用于对大规模数据集进行离线处理。MapReduce 将数据处理任务分解为 Map 和 Reduce 两个阶段：Map 阶段对数据进行分割和映射处理，生成键值对；Reduce 阶段对具有相同键的值进行合并和汇总处理。这种分布式计算模型能够充分利用集群的计算资源，从而提高数据处理效率。例如，在处理工业企业的历史销售数据时，可以利用 MapReduce 计算每个地区、每个产品的销售总额和销售趋势等统计信息。

（2）流处理技术

流处理技术如 Apache Flink、Storm 等，主要用于对实时产生的数据流进行连续处理。流处理技术能够在数据产生的瞬间进行计算和分析，及时响应数据的变化，适用于对实时性要求较高的应用场景，如金融交易监控、工业生产过程监控等场景。例如，在股票交易市场中，流处理技术可以实时分析股票价格的波动、成交量的变化等数据,及时发现异常交易行为并发出警报。

(3) 内存计算技术

内存计算技术主要将数据存储在内存中进行计算,如 Apache Spark(以下简称 Spark)。内存计算技术能够大大提高数据的读写速度和计算效率。相比于传统的磁盘存储计算方式,其性能显著提升。Spark 提供了丰富的数据集操作 API(Application Programming Interface,应用程序编程接口)和机器学习库,能够更方便地进行数据处理、数据分析和机器学习任务。例如,在进行大规模机器学习模型训练时,Spark 可以将训练数据加载到内存中,加快模型训练的速度,提高模型的准确性。

3)数据分析技术

数据分析是大数据处理的核心环节,旨在从海量数据中发现有价值的知识和信息。

(1) 数据挖掘技术

数据挖掘技术包括关联规则挖掘、聚类分析、分类算法等。关联规则挖掘用于发现数据集中不同属性数据之间的关联关系,如在超市购物数据中发现经常一起购买的商品组合,为商品推荐提供依据。聚类分析将数据对象按照相似性进行分组,例如将工业企业按照生产规模、行业类型、经济效益等指标进行分类,以便进行行业分析和市场定位。分类算法则根据已知的类别标签数据建立分类模型,对未知类别的数据进行分类预测,如在信用评估中,根据用户的信用历史、收入水平、负债情况等数据建立信用分类模型,对新用户的信用风险进行评估。

(2) 机器学习技术

机器学习技术分为监督学习、非监督学习和半监督学习。监督学习如线性回归、决策树、支持向量机等需要有标注的训练数据,通过学习训练数据的特征和标签之间的关系,建立预测模型,用于对未知数据进行预测或分类。非监督学习如主成分分析、奇异值分解、K 均值聚类等,不需要标注的训练数据,主要用于发现数据中的潜在结构和模式。半监督学习则结合了监督学习和非监督学习的特点,利用少量标注数据和大量未标注数据进行学习，从而提高模型的泛化能力。机器学习技术在大数据分析中的应用非常广泛，如预测工业设备故障、识别图像和语音、进行市场需求预测等。

（3）深度学习技术

深度学习技术基于神经网络模型，包括多层感知机、卷积神经网络、循环神经网络等。深度学习技术能够自动学习数据的深层次特征，在图像识别、语音识别、自然语言处理等领域取得了巨大成功。例如：在工业视觉检测中，卷积神经网络可以准确识别产品表面的缺陷类型和位置；在智能客服系统中，循环神经网络可以理解用户的自然语言问题，并提供准确的回答。深度学习技术需要依赖大量的计算资源和数据进行训练，通常采用GPU（Graphics Processing Unit，图形处理器）加速计算来提高训练效率。

4）数据可视化技术

数据可视化是将大数据分析的结果以直观、易懂的图形、图表等形式展示出来，便于用户理解和决策。

（1）图表可视化技术

可视化图表包括柱状图、折线图、饼图、散点图等基本类型，以及箱线图、热力图、树状图等高级类型。柱状图适用于比较不同类别数据的大小；折线图用于展示数据随时间或其他连续变量的变化趋势；饼图用于表示各部分数据在总体中所占的比例；散点图用于观察两个变量之间的关系。例如，在工业生产质量分析中，可以用柱状图比较不同生产线的次品率，用折线图展示产品质量指标随时间变化的情况。

（2）地图可视化技术

地图可视化是将数据与地理信息相结合，以地图的形式展示数据的分布情况。例如：在物流行业，可以在地图上展示货物的运输路线、仓库的分布位置以及不同地区的物流配送量等信息；在工业销售分析中，可以在地图上显示不同地区的销售额、市场占有率等数据，以便直观地展示市场分布和销售趋势。

（3）交互式可视化技术

交互式可视化允许用户与可视化界面进行交互操作，如缩放、平移、筛选、钻取等，以便更深入地探索数据。例如，在企业销售数据分析中，用户可以通过交互式可视化界面点击不同地区的销售数据，查看该地区下各个销售团队或产品类别的详细销售情况，进一步分析销售差异的原因。交互式可视化工具如 Tableau、Power BI 等，提供了丰富的可视化功能和交互操作体验，方便用户进行数据探索和分析。

1.2 工业经济统计的范畴与目标

1.2.1 工业经济统计的范畴

工业经济统计涵盖了工业领域中与经济活动相关的各个方面。从宏观层面来看，它包括工业生产的总体规模、增长速度、结构、布局等方面的统计。例如：对全国工业增加值的统计，能够反映工业经济在国民经济中的贡献份额和发展态势；对工业行业分类的统计，如按照国家统计局的行业分类标准，可以将工业划分为采矿业、制造业、电力、热力、燃气及水生产和供应业等不同门类，并进一步细分到具体的行业小类，有助于分析不同行业在工业经济中的地位、发展特点和相互关系。

在中观层面，工业经济统计涉及对产业集群、工业园区等区域工业经济的统计分析，包括区域内工业企业的数量、规模分布、产业配套情况、技术创新能力等方面的统计。例如：对某一高新技术产业开发区内的企业进行统计，分析该区域内高新技术企业的占比、研发投入强度、专利申请数量等指标，以评估该区域工业经济的创新活力和竞争力；对产业集群内产业链上下游企业之间的协作关系进行统计分析，如原材料供应比例、零部件配套率等，为优化产业集群发展模式提供依据。

从微观层面来看，工业经济统计聚焦于工业企业个体的生产经营活动统计，包括企业的基本信息，如企业名称、注册地址、注册资本、法定代表人等；企业的生产要素投入统计，如劳动力数量、素质，工资水平，固定资产投资，设备购置与更新情况，原材料、能源等物资的采购与消耗情况；企业的生产成果统计，如产品产量、产值、品种、质量等；企业的经济效益统计，如销售收入、利润、利润率、成本费用利润率、资产负债率等财务指标；企业的技术创新活动统计，如研发项目数量、研发经费投入、新产品开发与销售情况等。这些微观层面的统计数据不仅能够反映企业自身的经营状况和发展水平，而且是构建宏观和中观工业经济统计指标体系的基础。

1.2.2 工业经济统计的目标

1）反映工业经济运行状况

工业经济统计的首要目标是精准且及时地反映工业经济的运行状况，借助对诸多工业经济指标的统计与深入分析，清晰地呈现工业生产的全貌。工业增加值这一指标犹如工业经济的活力脉搏，可以直观地展现工业生产在一定时期内创造的新增价值，其增长或波动能反映工业经济的发展态势与活力变化。工业总产值则从总体规模上量化了工业企业在特定时段内生产的全部工业产品的价值总和，为衡量工业生产的总量水平提供了关键尺度。产品产量数据细致地描绘了各类工业产品的产出数量，不同产品产量的增减趋势可揭示市场需求的变动方向以及产业结构的潜在调整信号。销售产值紧密关联着产品的市场销售情况，通过与工业总产值的对比，产销率得以计算得出。该指标精准地反映了工业生产与市场需求之间的契合程度，是判断工业经济供需平衡的重要依据。

此外，工业企业利润与税收指标宛如工业经济效益的晴雨表。利润数据直接体现了企业在生产经营过程中的盈利状况，反映了企业在成本控制、产品附加值创造以及市场竞争等多方面的综合成效。税收数据则从宏观层面展示了工业企业对国家财政的贡献力度，同时也间接反映了工业经济在整个国民经济体系中的重要地位与价值创造能力。这些丰富多元的统计数据共同构建起一扇全面了解工业经济现状的信息之窗，成为政府部门制定宏观经济政策、企业管理者规划战略决策以及投资者进行理性投资决策不可或缺的重要依据。

例如，政府部门犹如经验丰富的舵手，可以依据工业经济运行的统计数据精准判断工业经济的整体"体温"，即判断工业经济是处于过热或是过冷的状态。若工业增加值增长过快且伴随物价指数大幅上升，可能预示工业经济存在过热风险。此时，政府可能采取紧缩的财政政策，如减少财政支出、增加税收,或实施从紧的货币政策,如提高利率、减少货币供应量,以抑制过度的投资与生产冲动,避免通货膨胀失控对经济造成损害。反之,若工业经济增长乏力且各项指标持续低迷,政府则可能出台积极的财政政策,如加大基础设施建设投资、实施税收优惠,或推行宽松的货币政策,如降低利率、增加货币供应量,以刺激工业生产与投资,拉动经济增长,确保工业经济在合理区间内平稳运行。

企业管理者则如同敏锐的猎手,依据行业统计数据仔细评估自身企业在市场丛林中的位置与竞争力。通过对比自身企业与行业平均水平的工业总产值、产品产量、销售产值等指标,企业管理者可以精准定位企业在市场份额争夺中的优势与劣势。若企业的产品产量增长低于行业平均水平且销售产值下滑明显,可能暗示着企业将面临市场需求萎缩或产品竞争力下降的困境。此时,企业管理者可能会果断制定生产计划调整策略,如减产、优化库存结构、加大研发投入、提升产品品质与差异化竞争优势,同时精心策划营销策略,如拓展新兴市场渠道、加强品牌推广与客户关系管理,甚至审慎考虑投资计划,如是否涉足新的产业领域或对现有生产设备进行升级改造以提高生产效率,从而在激烈的市场竞争中实现突围与发展。

2)提供工业经济决策支持

为工业经济决策提供科学依据无疑是工业经济统计的核心目标之一。于企业层面而言,通过对企业内部的生产经营数据展开全方位、多层次的统计分析,能够有力地协助企业管理者及时察觉生产经营过程中潜藏的问题与蕴含的潜在机会,进而作出一系列高瞻远瞩的决策,以优化生产流程、调整产品结构、开拓市场等。

例如,企业通过对不同产品的成本效益进行深入分析,能够清晰地洞察每一款产品在成本构成与盈利贡献方面的详细情况。若某一产品的生产成本居高不下且市场售价相对稳定,导致其利润空间微薄甚至出现亏损,企业便可借助成本结构细分统计数据,精准定位成本高的关键环节,如原材料采购成本过高、生产工艺落后导致的能耗过大或人工成本浪费等。基于此,企业管理者能够有的放矢地制定成本优化策略,如与供应商重新谈判以争取更有利的采购价格、引进先进的生产技术与设备以提升工艺水平并降低能耗、开展员工培训与绩效管理以优化人力成本配置等,从而有效提升产品的盈利能力。

在产品质量分析方面,企业可以借助统计过程控制(Statistical Process Control,SPC)等先进的统计方法与工具,对生产过程中的产品质量数据进行实时监测与系统分析。通过计算产品质量特性的均值、标准差、控制界限等统计指标,企业可以及时发现产品质量的异常波动与变异趋势。若某一生产批次的产品质量合格率明显下降,企业可通过深入分析质量数据,追溯到可能导致质量问题的原材料批次、生产设备故障、操作人员失误或工艺参数设置不当等具体因素,进而迅速采取针对性的改进措施,如更换原材料供应商、维修或更新生产设备、加强员工质量意识培训与操作规范指导、调整工艺参数、优化生产过程等,以确保产品质量的稳定性与可靠性,提升企业产品在市场中的信誉与竞争力。

市场需求分析更是企业在激烈的市场竞争中把握航向的关键灯塔。企业通过收集与分析市场销售数据、客户反馈数据、市场调研数据以及宏观经济环境数据等多源信息,运用统计预测模型(如时间序列分析、回归分析等)对不同产品在不同市场区域、不同消费群体中的市场需求规模、需求结构变化、需求价格弹性等进行精准预测与深入剖析。若统计分析显示某一新兴市场区域对企业某类产品的潜在需求呈现快速增长态势,且消费者对产品功能与品质有着特定的偏好与要求,企业管理者便可果断决策,加大对该产品在该区域的市场推广与营销投入,根据当地的市场需求特点有针对性地调整产品功能设计与包装规格,甚至考虑在当地投资建设生产基地或建立销售网络,以迅速抢占市场先机,实现市场份额的有效扩张与企业经济效益的显著提升。

1.3 大数据与工业经济统计的融合点与理论支撑

1.3.1 大数据与工业经济统计的融合点

1)数据采集的全面融合

传统工业经济统计的数据来源较为局限,主要依赖企业填报报表、普查、抽样调查等方式获取数据,数据类型多为结构化数据,且采集周期较长。而在大数据时代,数据采集渠道呈爆炸式增长。物联网技术使工业设备、传感器等成为数据采集的前端,能实时收集设备运行参数、能耗数据、产品质量数据等海量、多源、异构的数据,实现对工业生产过程的全流程监控。例如,在智能制造车间,每台设备的运行状态、生产进度、故障预警信息都能被实时采集。互联网平台则为工业经济统计开辟了新的视野。通过网络爬虫可获取电商平台上的工业产品销售数据、社交媒体中的用户对工业品牌的评价数据、行业论坛里的技术交流与市场动态数据等,这些数据反映了市场需求、消费者偏好与行业趋势,极大地丰富了工业经济统计的数据维度。此外,企业内部的各类管理信息系统如企业资源计划系统、客户关系管理系统、制造执行系统等也积累了大量有价值的数据,如企业的财务状况、客户订单信息、生产计划与执行情况等。将这些大数据采集渠道与传统统计方式有机结合,可构建起一张全方位、无死角的数据采集网,确保工业经济统计数据的完整性与时效性。

2）数据存储与管理的协同整合

传统工业经济统计通常采用关系型数据库存储数据,在面对大数据的海量、多类型特性时,其存储容量、读写速度与数据扩展性面临巨大挑战。大数据技术则引入了分布式文件系统（如 HDFS）、非关系型数据库（如 NoSQL 数据库）等新型存储解决方案。分布式文件系统可将大规模数据分散存储在多个节点上,提高了数据的存储容量与可靠性。非关系型数据库能灵活处理半结构化与非结构化数据,如工业图像、视频、文档等。在数据管理方面,大数据技术提供了强大的数据清洗、转换与整合工具。通过数据清洗,可去除工业数据中的噪声、错误与冗余信息,提高数据质量；利用数据转换工具,能将不同格式、不同来源的数据统一转换为可分析的格式；数据整合则可将传统统计数据与大数据进行关联与融合,构建起统一的数据资源池,方便数据的查询、分析与共享,实现传统数据存储管理方式与大数据存储管理方式的优势互补。

3）数据分析方法的深度交融

传统工业经济统计分析方法以描述性统计、回归分析、时间序列分析等为主,这些方法在处理小规模、结构化数据时较为有效,但在面对大数据的复杂性与多样性时显得力不从心。大数据分析则涵盖了数据挖掘、机器学习、深度学习等前沿技术。数据挖掘技术可在海量工业数据中挖掘出潜在的关联规则、聚类模式与异常信息。例如，在工业供应链管理中，通过数据挖掘可发现原材料供应商与产品质量之间的潜在联系，为优化供应链提供依据。机器学习算法能根据工业历史数据训练模型，实现对工业经济指标的预测与分类。如利用机器学习预测工业企业的销售额、利润走势，或对工业产品质量进行自动分类检测。深度学习技术在图像识别、语音识别领域取得了巨大成功，在工业经济统计中也可用于工业产品外观缺陷检测、工业设备声音故障诊断等。将大数据分析方法与传统统计分析方法相结合，能在传统分析方法的基础上，深入挖掘数据背后的复杂关系与潜在价值，为工业经济决策提供更精准、更全面的支持。

4）数据应用与数据可视化的创新结合

传统工业经济统计数据的应用主要集中在政府部门制定产业政策、企业内部管理决策等方面，数据可视化形式较为单一，多以简单的图表呈现。大数据时代下，数据应用场景得到极大拓展，不仅服务于政府与企业，还能为金融机构、科研机构、行业协会等提供数据支持。例如：金融机构可根据工业大数据评估企业信用风险，为企业提供融资服务；科研机构可利用工业数据开展前沿技术研究与创新。在数据可视化方面，大数据技术引入了交互式可视化、地理信息可视化、三维可视化等创新形式。通过交互式可视化，用户可与数据进行交互操作，深入探索工业经济数据背后的细节。地理信息可视化可将工业企业分布、产业集群地理布局等信息直观地展示在地图上，便于分析区域工业经济发展态势。三维可视化则可构建工业生产流程、产品结构等三维模型，使数据展示更加生动形象。这种创新的数据应用与可视化结合方式，提升了工业经济统计数据的可读性与可用性，促进了数据价值的最大化释放。

1.3.2 大数据与工业经济统计的理论支撑

1）数据科学理论基石

数据科学作为一门综合性学科，融合了数学、统计学、计算机科学、信息科学等多学科知识，为大数据与工业经济统计的融合提供了核心理论框架。在数据采集阶段,数据科学中的采样理论可指导如何在海量工业数据中进行科学采样,确保采集到的数据既能反映总体特征,又能控制数据规模与采集成本。例如,在工业物联网数据采集中,依据采样理论确定传感器的采样频率与采样精度,可以获取最有价值的数据。在数据存储与管理方面,数据结构与算法理论为设计高效的数据存储结构与数据查询和更新算法提供了理论依据。如利用哈希算法实现工业数据的快速索引与检索,提高数据管理效率。在数据分析环节,数据建模与算法设计理论是构建工业经济统计模型的关键。通过线性回归、决策树、神经网络等多种数据建模方法,可对工业经济数据进行拟合、预测与分类,挖掘数据中的内在规律。数据可视化理论为将分析结果以直观、美观的形式展示提供了指导,使工业经济数据的呈现更加清晰易懂,以便于决策者理解与应用。

2) 信息论的引导作用

信息论专注于信息的度量、传输、存储与处理,在大数据与工业经济统计融合中发挥着重要的引导作用。信息熵作为信息论中的核心概念,可用于衡量工业数据的不确定性与信息量。在工业经济统计中,通过计算不同工业数据集的信息熵,可确定数据的重要性与价值,从而有针对性地进行数据采集、存储与分析。例如,在工业生产质量控制数据中,信息熵可帮助识别哪些质量指标对产品质量的影响最大,以便重点关注与监测。信息编码理论则为工业数据的高效存储与传输提供了解决方案。通过对工业数据进行合适的编码压缩,可减少数据存储空间与传输带宽需求,同时保证数据的完整性与准确性。在工业经济数据共享与交互过程中,信息传输理论可以确保数据在不同系统、不同部门之间的可靠传输,避免信息失真与丢失,保障工业经济统计信息链的畅通无阻。

3) 统计学理论的根基地位

统计学作为工业经济统计的传统理论根基,在大数据时代依然与大数据技术紧密相连,相互促进。传统统计学中的抽样理论在大数据抽样调查中仍具有重要应用价值。尽管大数据强调数据的全面性,但在某些情况下,如对大规模工业企业群体进行快速初步调查时,合理运用抽样理论可在保证一定精度的前提下,显著提高调查效率并降低成本。参数估计与假设检验理论则为工业经济统计模型的构建与验证提供了基本方法。在基于大数据构建工业经济增长模型、市场需求模型等时，可以通过参数估计确定模型中的未知参数，利用假设检验验证模型的合理性与有效性。同时，大数据分析也为统计学理论的发展提供了新的机遇与挑战。例如，在处理大规模、非结构化数据时，传统统计方法需要不断创新与拓展，以适应新的数据环境，从而推动了统计学理论的不断演进。如贝叶斯统计在大数据分析中的深入应用与发展，为工业经济统计中的不确定性分析与决策提供了更灵活、更强大的工具。

4）系统科学理论的整体视角

系统科学理论将研究对象视为一个复杂的系统，强调系统的整体性、关联性、动态性与层次性，为理解与分析工业经济统计系统在大数据环境下的运行提供了全面的视角。工业经济统计系统本身是一个包含数据采集、存储、分析、应用等多个子系统的复杂大系统，各子系统之间相互关联、相互影响。从系统整体性出发，大数据与工业经济统计的融合应确保各个子系统之间的协调一致与无缝对接，以实现数据在整个系统中的顺畅流动与有效利用。例如，数据采集子系统获取的信息应能及时准确地传输到存储子系统，并为分析子系统提供高质量的数据输入，最终通过应用子系统将分析结果转化为实际价值。系统的关联性则体现在工业经济统计系统与外部环境的紧密联系上，如与工业生产系统、市场系统、政策系统等的相互作用。通过大数据技术，可深入分析这些关联关系，构建工业经济系统的整体模型，预测系统的发展变化趋势。例如，利用系统动力学方法结合大数据分析工业产业链上下游企业之间的协同关系与动态变化，为产业政策制定与企业战略规划提供系统层面的决策支持。系统的动态性与层次性要求在大数据与工业经济统计融合的过程中，充分考虑工业经济的发展变化以及不同层次的数据与分析需求的差异，采用灵活的技术与方法，以适应系统的动态演进与多层次结构特点。

5）计算智能理论的智能驱动

计算智能理论涵盖神经网络、模糊系统、进化计算等智能技术领域，为大数据与工业经济统计的融合注入了智能驱动力。神经网络以其强大的自学习与非线性映射能力，在工业经济统计中可用于处理复杂的非线性关系数据。例如，在预测工业产品的市场需求时，神经网络可通过学习历史销售数据、市场环境数据、消费者行为数据等众多因素之间的复杂关系，准确预测未来的市场需求变化，为企业生产计划调整提供前瞻性建议。模糊系统则适用于处理工业经济数据中的模糊性与不确定性问题。在工业生产过程中，许多概念和指标具有模糊性，如产品质量的"好""中""差"，设备运行状态的"正常""异常"等。模糊系统可将这些模糊信息进行量化处理，建立模糊规则库，实现对工业生产过程的智能控制与决策。例如，根据模糊规则对工业锅炉的燃烧过程进行智能调控，以提高能源利用效率与生产安全性。进化计算基于生物进化原理，通过模拟自然选择、遗传变异等过程对工业经济统计中的优化问题进行求解，在工业生产流程优化、资源配置优化等方面具有广泛应用前景。例如，以降低工业生产成本、提高生产效率为目标，利用进化计算算法对生产工艺参数、生产线布局、人员排班等进行优化组合，在大数据提供的丰富信息的基础上，寻找最优或近似最优的解决方案，推动工业企业的智能化升级与可持续发展。

6）领域知识理论的专业依托

工业经济统计涉及丰富的工业领域的专业知识，包括工业生产工艺、企业管理、产业经济学、市场营销等方面的知识。这些领域的知识构成了大数据与工业经济统计融合的专业依托。工业生产工艺知识是理解工业数据的产生源头与内在逻辑的关键。不同的工业生产工艺会产生不同类型与特征的数据，例如，化工生产工艺中的化学反应参数数据、机械制造工艺中的加工精度数据等。只有深入了解生产工艺知识，才能准确解读工业数据的含义，发现数据背后可能存在的生产问题或优化机会。企业管理知识使大数据分析与工业企业的实际运营紧密结合。在企业财务分析中，依据财务管理知识确定关键财务指标，结合大数据分析这些指标的变化趋势与相互关系，可实现对企业财务状况的精准评估与风险预警。产业经济学知识从宏观产业层面为大数据分析提供理论框架与分析视角。基于产业结构理论、产业关联理论等，通过大数据分析不同产业部门之间的关联关系、产业结构的演变趋势等，可为产业政策制定、产业布局优化提供数据支持与理论依据。市场营销知识则助力大数据在工业产品市场开拓与客户关系管理中的应用。利用市场细分理论、消费者行为理论等，通过对市场数据进行大数据分析，可精准定位目标客户群体，制定个性化营销策略，提高工业产品的市场竞争力与客户满意度。

工业生产工艺知识有助于理解工业数据的产生过程与内在逻辑。例如，了解机械制造工艺中不同加工工序对产品尺寸精度、表面质量等参数的影响，能更精准地解读生产过程数据，发现数据异常背后可能存在的工艺问题，从而为优化生产工艺提供有针对性的建议。

工业企业管理知识使大数据分析更贴合企业的实际运营需求。在构建企业财务风险评估模型时，依据财务管理知识确定关键财务指标，结合大数据分析这些指标的变化趋势与相互关系，提前预警财务危机，可以帮助企业管理者及时调整经营策略，保障企业财务健康稳定。

产业经济学知识则从宏观产业层面为大数据分析提供理论框架。基于产业结构理论，通过大数据分析不同产业部门在国民经济中的地位与相互关系变化，可以为产业政策制定提供数据支持与理论依据，引导产业结构实现优化升级，促进工业经济协调可持续发展。

工业市场营销知识助力大数据在市场开拓与客户关系管理方面的应用。利用市场细分理论，通过对消费者的行为数据、市场竞争数据等进行分析，可以精准定位目标客户群体，制定个性化营销策略，提高产品市场占有率与客户满意度，增强工业企业在市场中的竞争力。

第 2 章

工业大数据的采集与整合

2.1 工业数据的来源渠道

2.1.1 企业内部系统

企业内部存在众多关键系统,它们是工业数据的重要来源。其中,企业资源计划(ERP)系统涵盖了企业的财务、采购、销售、库存、人力资源等多方面的管理数据。例如:财务模块记录着企业的资金流动、成本核算、利润等数据,这些数据对于分析企业的经济运营状况、成本控制效果以及盈利能力具有不可替代的作用;采购模块中的供应商信息、采购订单、采购价格等数据,有助于了解企业供应链的上游情况,评估供应商的稳定性与成本效益;销售模块则包含客户信息、销售订单、销售渠道等数据,能够反映市场对企业产品或服务的需求状况以及企业的市场拓展能力。

制造执行系统(Manufacturing Execution System,MES)专注于生产制造过程的管理与数据收集,它详细记录了生产计划的执行情况,包括生产订单的下达、生产进度的跟踪、工序的流转等信息。在生产过程中,MES系统还会采集设备的运行参数,如设备的转速、温度、压力、加工精度等,这些数据对于监控设备的运行状态、预测设备故障以及优化生产工艺至关重要。此外,MES系统还涵盖了产品质量检测数据,如次品数量、次品类型、质量检测结果等。通过对这些数据进行分析,可以及时发现生产过程中的质量问题,从而采取相应的改进措施,提高产品质量。

产品生命周期管理(Product Life-cycle Management,PLM)系统则主要负责管理产品从设计、开发、生产到售后服务的整个生命周期的数据。在产品设计阶段,PLM系统记录了产品的设计图纸、设计文档、设计变更历史等信息,这些数据对于产品的迭代改进、设计优化以及知识产权保护具有重要意义。在产品生产阶段,PLM系统与MES系统相互协作,确保生产过程与设计要求的一致性。在售后服务阶段,PLM系统收集客户反馈、产品维修记录、产品召回信息等数据,为产品的质量改进、市场适应性调整提供依据。

除了上述系统外，企业内部的客户关系管理(Customer Relationship Management，CRM)系统存储着大量关于客户的详细信息，如客户基本资料、客户偏好、客户购买历史、客户投诉记录等。这些数据有助于企业深入了解客户需求，进行客户细分，制定个性化的营销策略，提高客户满意度与忠诚度。办公自动化(Office Automation，OA)系统则包含了企业内部的流程审批数据、文档管理数据、员工协作数据等，虽然这些数据看似与生产经营的直接关联不大，但它们在分析企业的内部管理效率、优化工作流程以及加强企业文化建设等方面具有一定的参考价值。

2.1.2 物联网设备

物联网设备在工业领域的广泛应用使得大量实时、精准的工业数据得以产生。在工业生产车间，各类传感器遍布各个角落。温度传感器能够实时监测设备的运行温度，防止设备因过热而损坏，同时也为优化设备运行环境提供数据支持。例如，在钢铁生产过程中，高炉内的温度传感器时刻监测着炉内温度，确保钢铁冶炼过程在合适的温度区间内进行。压力传感器则用于监测管道、容器内的压力变化，保障工业生产过程的安全与稳定。在化工生产中，压力传感器对于监测反应釜内的压力至关重要。一旦压力异常，系统能够及时预警并采取相应的安全措施。

流量传感器可精确测量液体、气体等流体在管道中的流量，在石油化工、电力、供水等行业有着广泛应用。例如，在石油输送过程中，流量传感器可以实时监测原油的输送流量，确保输送过程的高效与安全，同时也为原油的计量与调配提供依据。液位传感器用于监测液体储罐、反应釜等容器内的液位高度。在食品饮料、制药等行业中，液位传感器可以精确控制原材料的添加量与产品的罐装量，保证产品质量的一致性。

此外，工业生产中的智能设备、机器人等也属于物联网设备的范畴。智能设备自身具备数据采集与传输功能，能够记录自身的运行状态、工作效率、故障信息等数据。例如，工业机器人在生产线上作业的过程中，会记录每一次的操作动作、操作时间、抓取精度等数据，这些数据对于优化机器人的编程、提高生产效率、降低故障发生率具有重要作用。

在工业物流环节，物联网设备同样发挥着重要作用。运输车辆上安装的全球定位系统（Global Positioning System，GPS）定位传感器、温度传感器、湿度传感器等，可以实时监测货物的运输位置、运输环境的温度与湿度等信息，确保货物在运输过程中的安全与质量。仓库内的货架传感器、库存管理系统与物联网技术相结合，可以实现实时盘点库存货物、精准定位库存位置以及加强库存预警等功能，提高物流管理的效率与准确性。

2.1.3 互联网平台

互联网平台为工业数据的采集提供了更为广阔的视野与丰富的资源。电子商务平台是工业企业产品销售数据的重要来源。企业在电商平台上开设店铺，通过平台的销售数据统计功能，可以获取产品的销售数量、销售价格、销售地区、客户评价等信息。这些数据不仅能够反映市场对企业产品的需求状况与客户满意度，还可以为企业的产品定价、市场推广、产品研发等提供决策依据。例如，一家电子制造企业可以通过电商平台了解不同型号的电子产品在不同地区的销售热度，从而调整生产计划与产品布局，针对热门地区加大市场推广力度或推出适合当地市场需求的产品。

社交媒体平台则成为企业了解客户需求、市场趋势与品牌形象的重要窗口。企业可以通过社交媒体平台监测消费者对其产品或品牌的讨论热度、口碑评价、需求反馈等信息。例如，一家化妆品企业可以在微博、小红书等社交媒体平台上搜索用户对其产品的使用评价、功效诉求、包装建议等内容，这些信息可以帮助企业及时调整产品配方、改进包装设计、制定精准的营销方案。此外，社交媒体平台还可以作为企业进行品牌推广与市场调研的重要渠道。企业可以通过发布调查问卷、举办线上活动等方式，收集消费者的意见与建议，挖掘潜在客户群体。

行业论坛与专业网站也是工业数据的重要来源之一。这些平台汇聚了行业内的专家、企业从业者、技术爱好者等，他们在平台上分享行业动态、技术创新成果、市场分析报告等信息。例如，在一个工业自动化论坛上，企业可以获取关于自动化设备的最新技术应用案例、行业标准更新信息、竞争对手的产品动态等。这些信息对于企业把握行业发展趋势、提升自身技术水平与市场竞争力具有重要意义。同时，企业还可以在这些平台上发布自身的技术难题、招聘信息等，借助行业力量解决企业面临的问题，吸引优秀人才加入。

  政府公开数据平台同样为工业企业提供了有价值的数据资源。政府部门在平台上发布的宏观经济数据、产业政策文件、行业统计数据等，能够帮助企业了解国家经济发展形势、产业政策导向以及行业整体发展状况。例如，一家新能源汽车企业可以通过政府公开数据平台了解国家对新能源汽车产业的扶持政策、补贴标准、市场准入条件等信息，同时还可以获取全国新能源汽车的保有量、销售量、充电设施建设情况等统计数据，为企业的战略规划、投资决策、市场拓展提供参考依据。

2.2 数据采集技术与工具

2.2.1 传感器技术

  传感器作为工业数据采集的前端设备，具有多种类型与丰富的功能。物理传感器是最为常见的一类，其中温度传感器基于不同的物理原理实现温度测量。例如，热电偶温度传感器利用热电效应，将温度变化转换为电势差，具有测量范围广、精度较高的特点，常用于高温环境下的温度测量，如钢铁冶炼、火力发电等行业。热电阻温度传感器则依据金属电阻随温度变化的特性，通过测量电阻值来确定温度。其精度高、稳定性好，在中低温测量领域应用广泛，如食品加工、制药等行业。

  压力传感器的工作原理多种多样。压阻式压力传感器利用半导体材料的压阻效应，将压力变化转化为电阻变化，具有体积小、灵敏度高的优点，适用于对压力变化较为敏感的场合，如航空航天、汽车电子等领域。电容式压力传感器则通过测量电容值的变化来反映压力变化，其精度高、稳定性好、抗干扰能力强，常用于工业自动化控制系统中的压力监测，如石油化工、天然气输送等行业。

  流量传感器根据测量原理可分为电磁流量传感器、涡轮流量传感器等。电磁流量传感器基于法拉第电磁感应定律，即当导电液体在磁场中流动时，会产生感应电动势，通过测量感应电动势的大小即可计算出液体的流量。其测量精度高，不受流体密度、黏度等因素影响，广泛应用于给排水、污水处理、化工等行业。涡轮流量传感器则利用流体冲击涡轮叶片使其旋转，并通过测量涡轮的转速来确定流体流量。其结构简单、响应速度快，常用于石油、天然气等流体的流量测量。

液位传感器常见的有超声波液位传感器和浮子液位传感器。超声波液位传感器通过发射超声波脉冲，根据超声波反射回波的时间来计算液位高度，具有非接触式测量、精度高、安装方便等优点，适用于各种液体储罐、水池等液位测量场合。浮子液位传感器则利用浮子随液位变化而升降的原理，通过机械或电气方式将浮子的位置信号转换为液位高度信号。其结构简单、可靠性高，常用于一些对液位测量精度要求不是特别高的场合，如工业水箱、油库等。

除了物理传感器外，化学传感器和生物传感器在工业领域也有特定的应用。化学传感器可用于检测工业环境中的有害气体浓度、水质酸碱度、氧化还原电位等化学参数。例如，在化工生产车间，气体传感器可以实时监测空气中有毒有害气体的含量，如一氧化碳、二氧化硫等，以保障工人的生命安全与生产环境的安全。生物传感器则可用于食品工业中的微生物检测及生物制药过程中的生物活性物质监测等。例如，在食品发酵过程中，生物传感器可以检测发酵液中的葡萄糖、酒精等物质的浓度，为发酵过程的控制提供依据。

2.2.2　网络爬虫

网络爬虫在工业数据采集中主要用于从互联网平台获取公开的数据。其工作原理是通过设定起始网址，按照一定的规则和算法自动遍历互联网上的网页链接，提取所需的信息并存储。在工业数据采集中，网络爬虫具有广泛的应用场景。

在市场情报收集方面，网络爬虫可以从电子商务平台、行业资讯网站等采集竞争对手的产品信息、价格数据、销售策略等。例如，一家服装制造企业可以利用网络爬虫定期采集竞争对手在各大电商平台上的新款服装款式、价格区间、销量排名等信息，分析竞争对手的产品优势与市场定位，从而调整自身的产品研发与营销策略。网络爬虫还可以从新闻媒体网站、行业研究机构网站等采集行业动态、市场趋势、政策法规等信息。例如，一家新能源企业可以通过网络爬虫获取国内外关于新能源政策的最新消息、新能源技术的研究进展、行业内重大项目的投资建设情况等信息，为企业的战略决策提供参考依据。

在技术情报收集方面，网络爬虫可以从学术数据库、专利网站、技术论坛等采集与工业技术相关的信息。例如，一家机械制造企业可以利用网络爬虫从专利网站上搜索与新型机械加工工艺、自动化设备设计等相关的专利文献，了解行业内的技术创新方向与前沿技术成果，为企业的技术研发提供灵感与参考。网络爬虫还可以从技术论坛上收集技术爱好者、专家学者分享的技术经验、解决方案等信息，帮助企业解决技术难题，提升技术水平。

然而，网络爬虫在使用过程中也面临一些法律和道德问题。由于网络爬虫可能会对目标网站造成一定的访问压力，如果使用不当，可能会侵犯目标网站的权益，违反相关法律法规。因此，在使用网络爬虫时，必须遵循合法、合规、合乎道德的原则。首先，要尊重目标网站的 robots.txt 文件，该文件规定了网站允许或禁止网络爬虫访问的范围。其次，要控制网络爬虫的访问频率，避免对目标网站造成过大的访问负担。最后，在采集数据后，要妥善处理数据，以确保数据的使用符合法律法规和道德规范，且不得将采集到的数据用于非法目的或侵犯他人隐私等行为。

2.2.3 数据接口

数据接口是实现不同系统之间数据交互的重要手段。在企业内部，ERP 系统与 MES 系统之间通常通过数据接口进行数据传输与共享。例如，ERP 系统中的生产订单信息、物料清单信息等通过数据接口传输到 MES 系统，MES 系统则将生产进度信息、设备运行信息等反馈给 ERP 系统，实现企业内部生产管理与资源管理的协同运作。企业内部系统与外部合作伙伴或供应商的系统之间也可能通过数据接口进行数据交换。例如，企业的采购系统与供应商的库存管理系统通过数据接口连接，可以实现实时库存查询、采购订单下达与发货通知等功能，提高供应链的协同效率。

在工业互联网平台中，数据接口更是连接设备、企业与第三方应用的桥梁。工业设备制造商通常会为其设备提供数据接口，以便设备能够接入工业互联网平台，并将设备运行数据传输到平台上进行分析与管理。例如,一家工业机器人制造商为其生产的机器人提供了数据接口。通过该接口,机器人的运行数据可以上传到工业互联网平台,平台可以基于此对机器人的运行状态进行远程监控、故障诊断与性能优化。第三方应用开发者也可以利用工业互联网平台提供的数据接口,开发各种工业应用程序。例如,第三方应用开发者可以开发基于工业大数据分析的设备预测性维护应用程序、生产过程优化应用程序等,为工业企业提供增值服务。

数据接口的实现方式有多种,常见的包括基于 Web 服务的接口(如 SOAP、RESTful 等)、基于消息队列的接口(如 Kafka、RabbitMQ 等)以及基于数据库连接的接口等。基于 Web 服务的接口具有跨平台、易于集成的优点,适用于不同系统之间的轻量级数据交互。例如,企业内部的不同业务系统之间可以采用 RESTful 接口进行数据传输,实现系统的解耦与快速集成。基于消息队列的接口则具有高吞吐量、异步处理的特点,适用于处理大量实时数据的场景。例如,在工业物联网中,大量设备产生的实时数据可以通过 Kafka 消息队列进行传输与处理,保证数据的高效传输与处理速度。基于数据库连接的接口则直接在不同数据库之间建立连接,实现数据的共享与交换。例如,企业的生产数据库与数据分析数据库之间可以通过数据库连接接口实现数据同步,方便数据分析师进行数据挖掘与分析。

2.3 数据整合的难点与解决策略

2.3.1 数据清洗

数据清洗是工业大数据整合过程中的首要难题。在工业数据采集过程中,受数据来源广泛、采集设备多样以及环境因素复杂等的影响,数据中往往存在大量噪声数据。例如,传感器在采集数据时可能会受到电磁干扰、环境温度及湿度变化等因素的影响,导致采集到的数据出现偏差或错误。在工业生产车间,一些老旧设备的传感器可能存在精度下降、数据漂移等问题,使得采集到的数据不准确。此外,在数据传输过程中,也可能会出现数据丢失、数据重复等问题。

针对这些噪声数据,需要采用多种数据清洗方法。可以利用数据平滑技术去除数据中的随机噪声。例如,采用移动平均法对时间序列数据进行平滑处理,通过计算一定时间窗口内数据的平均值来替代原始数据中的噪声点,使数据更加平滑、稳定。对于数据中的异常值,可以采用基于统计分析的方法进行识别与处理。例如,根据数据的均值、标准差等统计指标确定数据的正常取值范围,对超出该范围的异常值进行修正或删除。对于数据丢失问题,可以采用数据填充技术,根据数据的历史规律、相关性等进行数据填充。例如,对于时间序列数据中缺失的数据点,可以采用线性插值法、多项式插值法等进行填充,并根据相邻数据点的取值估算缺失点的值。

除了噪声数据外,工业数据中还可能存在一些无效数据。例如,在数据采集过程中,由于采集设备发生故障或人为操作失误,可能会产生一些明显不合理的数据,如温度数据超出设备正常工作范围的极大值或极小值、流量数据为负数等。对于这些无效数据,需要通过数据验证规则进行识别与清除。可以根据工业生产过程的物理原理、设备参数范围、业务逻辑等制定数据验证规则,对采集到的数据进行逐一验证,将不符合规则的无效数据过滤掉。

2.3.2 格式统一

工业大数据来自不同的渠道,其数据格式往往存在差异,这给数据整合带来了巨大挑战。企业内部不同系统之间的数据格式可能不同,例如:ERP 系统中的数据可能以关系型数据库表的形式存储,数据格式较为规范、结构化;而 MES 系统中的数据可能包含一些半结构化或非结构化数据,如设备运行日志文件可能采用文本格式存储,其中包含了大量的时间戳、设备状态信息、错误代码等,这些信息的格式较为复杂,难以直接与 ERP 数据进行整合。物联网设备采集的数据格式也多种多样,不同厂商生产的设备可能采用不同的数据传输协议与数据格式,有的设备可能将数据以二进制格式传输,有的则可能采用 JSON 或 XML 格式传输。互联网平台上的数据格式同样复杂,如社交媒体平台上的数据主要以文本、图片、视频等非结构化形式存在,而电子商务平台上的数据则是结构化的订单数据、产品数据等。

为了实现数据格式的统一，需要建立数据标准规范。企业可以根据自身的业务需求与数据特点，制定统一的数据格式标准，包括数据类型、数据长度、数据编码方式等。例如：对于日期时间数据，规定统一的日期时间格式；对于产品编码数据，采用统一的编码规则。对于不同格式的数据，可以采用数据转换工具进行格式转换。例如，对于文本格式的设备运行日志数据，可以通过编写脚本或使用专门的文本处理工具，将其转换为结构化的数据库表形式，提取其中的关键信息，如设备编号、运行状态、发生时间等，以便与其他系统的数据进行整合。对于二进制格式的数据，可以根据其数据协议进行解析，将其转换为通用的结构化数据格式。在工业互联网平台中，可以采用数据适配器技术，对不同格式的数据进行适配与转换，使其能够在平台上进行统一处理与分析。

2.3.3 数据质量评估

数据质量评估是工业大数据整合过程中的重要环节，其重要性不言而喻。高质量的数据是进行的准确数据分析、可靠的决策制定的基础。如果数据质量不高，存在数据错误、数据缺失、数据不一致等问题，那么基于这些数据的分析结果将可能出现偏差，导致决策失误，给企业带来巨大损失。

在工业大数据环境下，数据质量评估主要从以下几个关键维度展开。

准确性：数据是否正确反映了实际的工业业务情况。例如，设备传感器采集的温度数据是否真实准确地体现了设备的运行温度，生产订单数据中的产品数量、规格等信息是否与实际生产情况相符。对于一些关键的工业生产参数数据，微小的误差都可能引发严重的后果。例如，在精密制造行业，零部件加工尺寸测量数据的准确性直接影响到产品的装配精度和整体性能。

完整性：数据是否涵盖了所有必要的信息。在工业数据中，完整的生产数据应包括从原材料采购、生产加工过程、质量检测到产品销售等各个环节的数据。若存在数据缺失环节，可能会导致对工业生产链条的分析出现断层，无法全面了解生产运营状况。例如，在分析产品质量问题时，如果缺少了某一批次原材料的检验数据，就难以确定质量问题是否源于原材料的缺陷。

一致性：数据在不同系统、不同来源之间是否保持一致。工业企业内部往往存在多个信息系统，且数据可能还来源于物联网设备和互联网平台等外部渠道，因此数据的一致性问题较为突出。例如，ERP 系统中的库存数据应与仓库管理系统中的实际库存数量保持一致，否则可能导致生产计划与库存调配的混乱。同样，不同生产线采集的相同产品的质量指标数据应遵循相同的标准和格式，以便进行横向对比和综合分析。

时效性：数据是否能及时反映工业业务的当前状态。在工业生产节奏日益加快的今天，实时数据对于生产监控、故障预警等具有至关重要的意义。例如，基于设备的实时运行数据能够及时发现潜在故障隐患，以便安排维护保养，避免设备突发停机造成生产中断。如果数据更新滞后，企业可能错过最佳的决策时机。如依据过时的市场需求数据安排生产，可能导致产品积压或缺货。

对数据质量进行评估，通常采用以下方法。

数据审核：通过人工或自动化程序对数据进行逐一检查，查看数据是否符合预先设定的质量标准。例如，对于工业企业的财务数据，审核人员可以检查发票信息、账目记录等是否准确无误，数据格式是否符合财务规范。自动化的数据审核工具则可以根据设定的规则，快速扫描大量数据，识别出明显的数据错误或异常，如数据类型不匹配、数值超出合理范围等。

数据抽样验证：当数据量庞大时，难以对全部数据进行详细审核，可采用抽样的方式，即从总体数据中抽取一定比例的样本，对样本数据进行深入分析和质量评估，以此推断总体数据的质量状况。例如，在对海量的工业生产过程数据进行质量评估时，抽取不同时间段、不同生产批次的样本数据，检查样本中数据的准确性、完整性和一致性，根据样本评估结果来估计整个生产过程数据的质量水平。

基于模型的评估：利用数据挖掘和机器学习模型来评估数据质量。例如，建立数据异常检测模型，通过学习正常数据的模式和特征，识别出与正常模式偏离较大的数据点，这些异常点可能表示数据存在质量问题。还可以构建数据一致性模型，分析不同来源数据之间的关联关系，发现数据不一致的情况。例如，通过建立产品质量数据与生产工艺参数数据之间的关联模型，检测两者之间是否存在矛盾或不合理的对应关系，从而判断数据质量。

通过科学合理的数据质量评估方法，能够及时发现工业大数据整合过程中的数据质量问题，并采取相应的措施加以改进和优化，确保数据的高质量，为后续的数据分析和工业经济决策提供坚实可靠的基础。只有保障数据质量，才能充分发挥工业大数据在推动产业转型升级、提高企业核心竞争力等方面的巨大价值。

案例分析：成功的数据整合实践

在工业大数据的采集与整合过程中，成功的案例能够为我们提供宝贵的参考和启示。以下是几个实际案例，展示了如何通过有效的技术和策略实现数据整合。

一家大型制造企业通过实施 ERP 系统，实现了企业内部各个部门的数据集成。然而，由于历史原因，这些数据格式并不统一，且存在大量的冗余信息。为了解决这个问题，该企业采用了数据清洗和格式转换工具，对原始数据进行了预处理，确保了数据的一致性和准确性。此外，该企业还建立了一个中央数据库，用于存储和管理所有经过整合的数据，以方便后续的分析和应用。

另一个成功的例子是一家电力公司，该公司利用物联网技术收集了大量的设备运行数据。然而，由于设备的多样性和复杂性，这些数据的质量参差不齐。为了提高数据质量，该公司采用了先进的数据分析算法，对数据进行了深入挖掘和分析，找出了其中的规律和趋势。同时，该公司还制定了严格的数据采集标准，以确保新收集的数据能够满足质量要求。

还有一个值得关注的案例是一家物流公司，该公司在整合来自不同供应商的数据时遇到了困难。为了解决这个问题，该公司采用了数据接口技术，将各个供应商的数据进行对接和同步。这不仅提高了数据整合的效率，还保证了数据的实时性和准确性。同时，该公司还对整合后的数据进行了可视化展示，使得数据分析结果更加直观易懂。

通过以上案例可以看出，成功的数据整合需要综合考虑多种因素，包括技术选型、数据处理流程、质量控制等。只有通过科学合理的方法和技术手段，才能有效地解决数据整合过程中遇到的问题，为企业带来更大的价值。

第 3 章

基于大数据的工业经济统计指标体系重构

3.1 传统工业经济统计指标体系的局限性

传统工业经济统计指标体系在工业发展历程中曾发挥了极为重要的作用，为政府宏观决策、企业生产运营以及学术研究等提供了关键的数据支撑。然而，随着大数据时代的到来以及工业领域的深刻变革，其局限性日益凸显。

首先，传统指标体系难以全面反映工业经济的新形态。在智能制造蓬勃发展的当下，工业生产模式正从传统的大规模标准化生产向个性化定制、柔性生产转变。传统统计指标如工业总产值、产品产量等，侧重于对生产规模和数量的考量，却无法精准捕捉生产过程中的智能化程度、数字化协同水平以及定制化生产的比例等关键信息。例如，一家汽车制造企业在引入智能生产系统后，虽然生产效率大幅提升、产品质量稳定性增强且能够快速响应客户的个性化定制需求，但这些在传统指标体系中难以得到充分体现，导致对企业真实竞争力和发展潜力的评估不够准确。

其次，对创新驱动的刻画不够深入。在创新成为工业发展核心动力的时代，传统指标体系在衡量工业创新效能方面存在明显不足。它往往仅关注研发投入金额、专利申请数量等较为表面的指标，而忽视了创新成果的转化效率、新产品的市场接受度以及创新对企业整体价值提升的综合影响。例如，某些企业虽然专利数量众多，但由于缺乏有效的转化机制，这些专利未能转化为实际的生产力和经济效益。而传统指标体系无法准确揭示这种创新与实际产出之间的脱节现象，不利于引导企业优化创新策略和资源配置。

再次，传统指标体系缺乏对工业经济可持续性的有效评估。随着环保意识的增强和资源约束的加剧，工业绿色发展成为必然趋势。然而，现有的统计指标大多侧重于经济增长和生产效率，对能源消耗强度、污染物排放水平与工业生产过程的动态关联分析不足，难以全面衡量工业企业在节能减排、资源循环利用等方面的努力和成效。例如，对于一家化工企业，传统指标可能只反映其产品产量和产值，而对于其在生产过程中采用新型环保技术降低的污染物排放量、提高的资源回收利用率等绿色发展关键要素未能给予足够的重视和准确的量化，不利于推动整个工业行业向可持续发展模式转型。

最后，传统指标体系的数据更新频率较低，难以适应工业经济快速变化的节奏。在大数据时代，工业领域的数据每时每刻都在海量产生且瞬息万变，市场需求、技术创新、供应链协同等方面的动态信息对于企业及时调整战略和政府精准施策至关重要。而传统统计指标体系多依赖于定期报表和抽样调查，数据收集和更新周期较长，导致其提供的信息存在明显的滞后性，无法满足对工业经济实时监测和精准调控的需求。例如，在面对突发的市场需求波动或供应链中断事件时，基于传统指标体系的决策分析可能因数据过时而无法有效应对，错失最佳的决策时机，给企业和整个工业经济带来损失。

3.2 大数据时代新指标的挖掘与筛选

在大数据时代的洪流下，传统工业经济统计指标体系显得捉襟见肘，难以全面反映工业生产的新形态、新趋势。因此，深入挖掘并筛选适应新时代需求的新型统计指标，成为构建更加科学、系统且可行的工业经济监测体系的关键任务。数字化生产指标作为大数据时代下的重要考量维度，其内涵丰富多样。自动化生产比例直接反映了工业生产的智能化程度，是衡量企业生产效率与技术水平的重要标尺。智能设备联网率则揭示了工业生产中物联网技术的应用广度与深度，体现了生产流程的互联互通与数据驱动能力。此外，还可以进一步探索数字化研发设计工具的应用情况、工业云平台的普及程度等，以更全面地评估数字化生产的整体水平。创新效能指标同样不容忽视。新产品研发周期的缩短，不仅是企业创新能力和市场响应速度的体现，也是衡量工业经济发展活力的重要指标。知识产权转化效率则直接关联到创新成果的市场应用价值，是评估创新驱动发展战略实施效果的关键因素。在此基础上，还可以引入新产品销售收入占比、创新项目成功率等指标，以多维度、多层次地展现工业创新的整体效能。当然，除了上述提到的数字化生产指标和创新效能指标外，还应关注环保绩效指标、供应链协同指标等其他维度的重要指标。这些指标共同构成了大数据时代下工业经济统计的新框架，为政府制定政策、企业决策提供了更为精准、全面的数据支持。综上所述，大数据时代下的工业经济统计指标体系应是一个多元、复合、动态的系统，不仅要涵盖传统的生产、销售等基本指标，更要纳入数字化、创新、环保等新型指标，以形成对工业生产全链条、全方位的精准刻画。同时，这一体系还需具备高度的灵活性和适应性，能够随着工业经济的发展变化而不断调整优化，以确保其始终能够准确反映工业经济的最新特征和趋势。

综上所述，基于科学性、系统性和可行性原则，我们可以构建一个适应新时代工业经济发展要求的统计指标体系框架。这个框架应该包括以下几个方面的内容：一是数字化生产指标，如自动化生产比例、智能设备联网率等；二是创新效能指标，如新产品研发周期、知识产权转化率等；三是绿色发展指标，如能源消耗强度、碳排放量等；四是产业协同指标，如产业链上下游企业的互动程度、产业集群发展水平等。通过这样一个全面而准确的指标体系，我们可以更好地把握工业生产的新特征和新趋势，为政策制定和企业决策提供有力的支持。

3.2.1　数字化生产指标

1）自动化生产比例

自动化生产比例是衡量工业企业生产过程自动化程度的关键指标，它通过计算自动化生产设备所完成的生产任务量占总生产任务量的比重来确定。在大数据环境下，企业生产线上的各种自动化设备，如工业机器人、自动化装配机、智能数控机床等，能够实时采集自身的运行数据，包括工作时长、生产数量、故障次数等。通过对这些数据进行整合与分析，可以精确计算出自动化生产比例。例如，一家电子产品制造企业，其生产线上共有100个生产环节，其中70个环节由自动化设备完成，那么该企业的自动化生产比例即为70%。这一指标不仅能够直观反映企业在生产自动化方面的投入和应用水平，而且与企业的生产效率、产品质量稳定性密切相关。较高的自动化生产比例通常意味着企业能够在更短的时间内生产出更多、更稳定的产品,从而提升企业的市场竞争力。

2)智能设备联网率

智能设备联网率体现了工业企业内部智能设备与企业网络或工业互联网平台的连接程度。其计算方法是已联网的智能设备数量占企业总智能设备数量的比例。在工业 4.0 时代,智能设备之间的互联互通是实现智能制造的基础。通过网络连接,智能设备能够实现数据共享、协同工作以及远程监控与管理。例如,一家机械制造企业拥有 500 台智能设备,其中 400 台已成功接入企业内部网络,那么该企业的智能设备联网率为 80%。智能设备联网率越高,企业就越能够充分发挥大数据在生产优化、故障预测、设备维护等方面的作用。例如,通过对联网设备的运行数据进行实时分析,可以提前发现设备潜在的故障隐患,及时安排维护人员进行检修,避免因设备突发停机造成生产损失。

3.2.2 创新效能指标

1)新产品研发周期

新产品研发周期是指从新产品概念提出到产品正式投入市场所经历的时间。在大数据时代,企业可以利用各种数据资源来缩短研发周期。例如,通过对市场需求数据、技术趋势数据、竞争对手产品数据等的分析,企业能够更精准地确定新产品的研发方向和功能定位,避免在研发过程中走弯路。同时,在研发过程中,企业内部的研发管理系统、实验数据管理系统等产生的大量数据,如实验结果数据、设计变更数据、项目进度数据等,也能够为优化研发流程提供依据。例如,一家制药企业在研发一种新型药物时,通过对过往临床试验数据、基因数据库数据以及全球药物研发动态数据的分析,快速确定了药物的研发靶点和临床试验方案,并且在研发过程中根据实验数据的实时反馈及时调整研发策略,最终将原本预计需要 10 年的研发周期缩短至 7 年。缩短新产品研发周期能够使企业更快地将新产品推向市场,抢占市场先机,提高企业的创新收益。

2)知识产权转化指标

知识产权转化指标主要衡量企业将其拥有的知识产权转化为实际经济效益的能力。该指标可以通过计算知识产权转化收益占知识产权总价值的比例来确定。在大数据环境下，企业能够更有效地挖掘知识产权的商业价值。例如，通过对专利技术的市场需求、潜在应用领域、行业竞争态势等数据的分析，企业可以有针对性地选择具有较高商业潜力的专利进行产业化推广。同时，企业还可以利用大数据平台寻找合适的合作伙伴，如投资机构、生产企业、销售渠道商等，加速知识产权的转化过程。例如，一家科技企业拥有多项专利技术，通过大数据分析发现其中一项关于新型电池技术的专利在电动汽车领域具有广阔的应用前景。于是，该企业通过工业大数据平台与一家汽车制造企业和一家风险投资机构达成合作协议，共同成立了一家新公司，将该项专利技术转化为实际的电动汽车电池产品，并在市场上取得了良好的销售业绩。知识产权转化指标能够反映企业创新成果的市场价值实现程度，对于评估企业创新能力的有效性具有重要意义。

3.2.3 绿色发展指标

1）单位产值能源消耗降低率

单位产值能源消耗降低率是衡量工业企业能源利用效率提升情况的重要指标。其计算公式为：（本期单位产值能源消耗量－上期单位产值能源消耗量）/上期单位产值能源消耗量×100%。在大数据时代，企业可以通过能源管理系统实时采集能源消耗数据，如电力、煤炭、石油等各种能源的使用量，并结合企业的产值数据进行分析。例如，一家钢铁企业通过安装智能电表、煤耗计量仪等设备，实时监控生产过程中的能源消耗情况，并将这些数据与企业的钢铁产量、产值数据进行关联分析。通过优化生产工艺、采用节能设备等措施，该企业在本期的单位产值能源消耗降低率为10%。这表明企业在能源利用效率方面取得了显著进步，有助于降低企业的生产成本，同时也符合国家节能减排的政策要求，可以提升企业的绿色形象。

2）工业三废减排达标率

工业三废减排达标率反映了工业企业在废水、废气、废渣减排方面的成效以及工业企业的"三废"排放是否达到国家相关排放标准。该指标可以分别计算废水减排达标率、废气减排达标率和废渣减排达标率，然后综合得出工业三废减排达标率。在大数据支持下，企业可以利用环境监测设备实时采集"三废"排放数据，并与国家规定的排放标准进行对比分析。例如，一家化工企业通过在废水排放口、废气排放烟囱、废渣储存场所安装传感器，实时监测"三废"排放情况，并将数据传输到企业的环保管理系统。通过采用先进的污水处理技术、废气净化技术和废渣回收利用技术，该企业的废水减排达标率达到 95%，废气减排达标率达到 90%，废渣减排达标率达到 98%，综合工业三废减排达标率为 94.3%。工业三废减排达标率越高，说明企业在环境保护方面的努力和成效越显著，这有利于企业可持续发展，也有助于改善区域环境质量。

3.2.4 市场动态指标

1) 市场需求响应速度

市场需求响应速度是指企业从接收到市场需求信号到调整生产计划并满足市场需求所花费的时间。在大数据时代，企业可以通过多种渠道获取市场需求数据，如电商平台的销售数据、社交媒体的用户反馈数据、市场调研数据等。例如，一家服装企业通过对电商平台上的销售数据进行实时分析，发现某一款式服装的销量在近期呈现快速增长趋势，同时，社交媒体上的用户对该款式的服装的评价也非常积极。企业的市场部门在接收到这些信息后，迅速与生产部门沟通，调整生产计划，增加该款式的服装的产量，并在一周内将新增产品投放市场，满足了消费者的需求。该企业的市场需求响应速度仅为一周。快速的市场需求响应速度能够使企业及时抓住市场机遇，提高客户满意度，增强企业在市场中的竞争力。

2) 客户满意度指数

客户满意度指数是衡量客户对企业产品或服务满意程度的综合指标。在大数据环境下，企业可以通过在线调查问卷、客户评价数据、售后服务数据等多种方式收集客户反馈信息，并利用数据分析模型计算客户满意度指数。例如，一家电子产品企业在产品销售后，通过在官方网站上设置在线调查问卷，收集客户对产品性能、质量、外观、售后服务等方面的评价信息。同时，企业还对电商平台上的客户评价数据、客服中心的售后服务记录进行整理和分析。通过将这些数据输入客户满意度分析模型中，计算得出客户满意度指数为 85%。客户满意度指数越高，说明企业在产品或服务质量、客户关系管理等方面的工作越出色，越有利于企业保持客户忠诚度，促进企业长期稳定发展。

3.3 新指标体系的构建原则与框架

3.3.1 新指标体系的构建原则

1）科学性原则

新指标体系的构建必须基于科学的理论和方法。在指标的选取上，要充分考虑指标与工业经济内在规律的契合度，确保每个指标都能够准确、客观地反映工业经济的某一特定方面。例如，在确定数字化生产指标时，应依据工业生产自动化和信息化的相关理论，选择能够精确衡量自动化水平和设备联网程度的指标，如自动化生产比例和智能设备联网率等。同时，在指标的计算方法和数据来源上也要保证科学合理，避免主观随意性。例如，对于单位产值能源消耗降低率的计算，要严格按照能源消耗与产值的统计规范进行，以确保数据的准确性和可比性。

2）系统性原则

新指标体系应具备系统性，能够全面、完整地反映大数据时代工业经济的整体状况。这要求指标体系涵盖工业生产的各个环节、各个层面，包括生产过程、创新能力、绿色发展、市场动态等多个维度。各个指标之间既要有明确的分工，又要相互关联、相互补充，形成一个有机的整体。例如，数字化生产指标反映生产过程的智能化水平，创新效能指标体现企业的创新驱动能力，绿色发展指标衡量企业的可持续发展水平，市场动态指标关注企业在市场中的表现，这些指标共同构成了一个完整的工业经济统计指标体系，能够从不同的角度为工业经济的分析和决策提供全面的信息支持。

3）可行性原则

新指标体系在实践中必须具有可操作性。这意味着指标的数据来源要可靠、易于获取，指标的计算方法要简单明了、易于操作。在大数据时代，虽然数据资源丰富，但也要考虑数据的质量、获取成本以及企业和统计部门的实际数据处理能力。例如，在选择新指标时，优先考虑那些能够通过现有企业信息系统、物联网设备、互联网平台等渠道获取数据的指标，如智能设备联网率可以通过企业网络管理系统获取，市场需求响应速度可以根据企业的生产计划调整记录和市场需求数据计算得出。同时，指标的计算方法不应过于复杂，避免给企业和统计部门带来过高的计算负担和技术门槛。

4）动态性原则

工业经济处于不断发展变化的过程中，新的生产模式、技术创新、市场需求等不断涌现。因此，新指标体系要具有动态性，要能够及时适应工业经济的发展变化，适时调整和补充指标内容。例如，随着人工智能、区块链等新兴技术在工业领域的应用逐渐深入，新指标体系应及时纳入反映这些新技术应用效果的指标，如人工智能算法优化率、区块链数据安全保障指标等。同时，对于一些随着工业发展而逐渐失去意义的指标，要及时进行淘汰或修订，以确保指标体系始终能够准确反映工业经济的最新发展态势。

3.3.2 新指标体系的框架

新的工业经济统计指标体系框架可以分为四个层次。

第一层次为目标层，即反映大数据时代工业经济综合发展水平的总体指标。这个指标是对整个工业经济在数字化、创新驱动、绿色发展和市场竞争力等多方面表现的综合评价，可以通过对第二层次指标的加权综合计算得出。

第二层次为核心维度层，包括数字化生产、创新效能、绿色发展和市场动态四个核心维度。每个核心维度由若干个具体的指标构成，这些指标分别从不同角度反映该核心维度的特征。例如：数字化生产维度包含自动化生产比例、智能设备联网率等指标；创新效能维度包括新产品研发周期、知识产权转化率等指标；绿色发展维度涵盖单位产值能源消耗降低率、工业三废减排达标率等指标；市场动态维度有市场需求响应速度、客户满意度指数等指标。

第三层次为基础指标层，是对核心维度层各个指标的进一步细化和分解。例如，在数字化生产维度的智能设备联网率指标下，可以进一步细分出不同类型智能设备（如工业机器人、智能传感器、自动化生产线等）的联网率指标，以便更深入地分析不同设备在企业数字化生产中的联网情况和作用。

第四层次为数据采集层，用以明确每个基础指标的数据来源和采集方法。数据来源包括企业内部信息系统（如 ERP、MES、CRM 等）、物联网设备、互联网平台（如电商平台、社交媒体、行业网站等）以及政府部门的统计数据和监管数据等。采集方法则根据数据来源的不同而有所差异，如从企业内部信息系统采用数据接口采集数据，从物联网设备通过传感器数据传输采集数据，从互联网平台利用网络爬虫或数据共享协议采集数据等。

这样一个层次分明、结构严谨的指标体系框架，能够全面、系统、科学地反映大数据时代工业经济的发展状况，为政府制定产业政策、企业进行战略决策以及工业经济的研究和分析提供有力的统计数据支持。

首先，在构建新指标体系框架时，还需考虑指标的标准化与规范化问题。不同企业、不同行业之间的数据可能存在差异，为确保指标具有广泛的可比性与通用性，应制定统一的数据采集标准、指标计算口径以及数据质量规范。例如，对于自动化生产比例的计算，需明确界定自动化生产设备的范畴与标准操作流程，避免因企业间的理解差异导致数据偏差。

其次，新指标体系应注重与国际接轨。随着经济全球化进程的加快，工业企业参与国际竞争日益频繁。引入国际通用的工业经济统计指标与方法，能够更好地进行国际间的工业经济对比与交流，提升我国工业经济统计数据的国际认可度与影响力。例如，参考国际先进的绿色制造标准与指标，如欧盟的生态设计指令相关指标，完善我国的工业绿色发展指标体系，使我国的工业企业在绿色制造领域能够与国际同行进行对标，找出差距，明确改进方向。

再次，为保障新指标体系的有效实施，还需建立与之相配套的统计制度与信息平台。统计制度应涵盖数据的收集、整理、审核、上报、存储与发布等全流程的管理，明确各环节的责任主体与工作规范。信息平台则应具备强大的数据处理能力、高效的数据存储功能以及便捷的数据查询与分析服务功能。通过整合企业、行业协会、政府部门等的多方数据资源，打破数据孤岛，实现数据的共享与交互，为新指标体系的运行提供坚实的技术支撑与保障。例如，通过构建工业经济大数据云平台，企业可实时上传相关数据，政府部门与研究机构能够在线进行数据处理与分析，及时获取工业经济运行的动态信息，为精准决策提供依据。

最后，新指标体系的构建并非一蹴而就，而是一个持续优化与完善的过程。随着工业技术的不断创新、产业形态的持续演变以及市场环境的动态变化，需要定期对指标体系进行评估与调整。通过开展试点应用，收集反馈意见，深入分析指标体系在实际应用中的问题与不足，及时更新指标内容、优化计算方法、改进数据采集渠道，可以确保新指标体系始终能够精准反映大数据时代工业经济的发展脉搏，为我国工业经济的高质量发展与转型升级提供科学、可靠、有力的统计保障。

第 4 章

大数据分析技术在工业经济统计中的应用

4.1 数据挖掘算法在工业数据中的应用

4.1.1 关联规则挖掘

关联规则挖掘旨在从大规模工业数据集中发现不同变量之间存在的有趣关联关系。在工业生产领域,这种技术有助于揭示生产要素之间隐藏的联系,从而为优化生产流程、提高产品质量和降低成本提供有价值的见解。

例如,在一家汽车零部件制造企业中,关联规则挖掘可应用于分析生产过程数据。通过对原材料采购数据、生产设备运行参数、产品质量检测结果等多源数据进行整合分析,可能发现某些特定供应商提供的原材料与产品的次品率之间存在关联。若发现来自供应商 A 的某种钢材在特定生产设备参数设置下生产出的零部件次品率较高,企业便可深入探究原因,可能是该钢材的材质特性与当前的设备工艺不匹配,进而考虑调整工艺参数或更换供应商,以提升产品质量。

在市场营销方面,关联规则挖掘也能发挥重要作用。分析销售数据与客户特征数据之间的关联,可以识别出不同客户群体购买产品的组合模式。例如,通过关联规则挖掘发现购买高端汽车发动机零部件的客户,往往也会同时购买特定品牌的润滑油和滤清器。基于此关联规则,企业可以制定精准的营销策略,如推出针对此类客户的产品套餐,提高客户的购买转化率和忠诚度。

从技术实现角度来看,常用的关联规则挖掘算法有 Apriori 算法和 FP-Growth 算法。Apriori 算法基于频繁项集的先验性质,通过逐层搜索的方式挖掘频繁项集,进而生成关联规则。其优点是原理简单、易于理解,但在处理大规模数据集时计算复杂度较高。FP-Growth 算法则采用了一种更高效的树状数据结构(Frequent Pattern-growth Tree,FP-Tree)来存储数据,通过对 FP-Tree 的挖掘来发现频繁项集和关联规则,相比 Apriori 算法在效率上有显著提升,尤其适用于处理稀疏且大规模的工业数据。

4.1.2 聚类分析

聚类分析是将工业数据集中的对象按照相似性特征划分为不同的簇或类别的过程。在工业经济统计中，聚类分析具有广泛的应用场景。

对于工业企业分类，聚类分析可依据企业的规模、生产能力、技术水平、产品结构、经济效益等多维度数据进行划分。例如，将众多制造业企业按照其生产的产品类型、自动化程度、年销售额等指标进行聚类。通过这种方式，可以识别出不同类型的企业群体，如高附加值产品生产企业集群、大规模传统制造业企业集群、小型创新型企业集群等。这有助于政府部门制定有针对性的产业政策，对不同类型的企业进行差异化扶持与监管，同时也便于企业自身了解其在行业中的定位，寻找合适的合作伙伴或竞争对手进行对标学习。

在产品分类与市场细分方面，聚类分析同样具有重要价值。以电子产品市场为例，可根据产品的功能特性、价格区间、用户评价等数据对电子产品进行聚类。例如，将智能手机按照屏幕尺寸、摄像头像素、处理器性能、价格等因素聚类为高端旗舰型、中高端性价比型、中低端普及型等不同类别。企业可以据此了解不同类别产品的市场需求特点和竞争态势，优化产品研发和市场推广策略。针对不同聚类群体的消费者需求，企业可以开发具有差异化竞争优势的产品，并制定精准的市场营销方案。

聚类分析的算法包括基于划分的方法（如 K 均值聚类算法）、基于层次的方法（如凝聚型层次聚类算法）、基于密度的方法（如 DBSCAN 算法）等。K 均值聚类算法是一种经典的基于划分的聚类算法，它随机选择 k 个初始聚类中心，然后将数据点分配到距离最近的聚类中心所属的簇中，并不断更新聚类中心，直到簇内数据点的平方和误差达到最小。该算法简单高效，但需要预先指定聚类数量 k，且对初始聚类中心的选择较为敏感。凝聚型层次聚类算法则是从以每个数据点作为一个单独的类开始，逐步合并相似的类，形成层次化的聚类结构。这种算法不需要预先指定聚类数量，但计算复杂度较高，且在处理大规模数据时可能存在效率问题。DBSCAN 算法基于数据点的密度分布进行聚类，能够发现任意形状的簇，并且可以识别出数据集中的噪声点，但对于数据密度不均匀的数据集的处理效果可能不理想，且对参数设置较为敏感。

4.2 机器学习模型助力工业经济预测

4.2.1 回归分析

回归分析是一种广泛应用于工业经济预测的机器学习模型,它主要用于研究变量之间的因果关系,并通过建立数学模型来预测因变量的变化。在工业生产中,回归分析可用于预测各种生产指标和经济变量。

例如,在预测工业产品的产量方面,可将影响产量的因素如原材料投入量、生产设备运行时间、劳动力数量、技术研发投入等作为自变量,将产品产量作为因变量建立回归模型。通过对历史生产数据进行分析,确定模型中的回归系数,从而预测不同自变量取值情况下的产品产量。一家化工企业可以根据过去多年的原材料采购量、生产设备的运行时长、工人的排班数量以及研发投入资金等数据,建立多元线性回归模型来预测下一季度的产品产量。如果模型预测结果显示,随着某种关键原材料供应的增加和新研发技术的应用,产量有显著提升,企业便可据此提前规划生产安排,如增加原材料采购订单、优化生产排班计划等,以充分利用生产资源,满足市场需求。

在成本预测方面,回归分析同样发挥着重要作用。以制造业企业为例,将原材料价格、能源消耗成本、劳动力成本、设备折旧费用等作为自变量,将总成本作为因变量建立回归模型。通过分析这些变量之间的关系,企业可以预测不同市场环境和生产条件下的成本变化趋势。例如,当原材料价格上涨或能源成本波动时,企业可以利用回归模型快速估算出其对总成本的影响程度,进而及时调整产品定价策略或寻找降低成本的替代方案,如优化原材料采购渠道、改进生产工艺等,以降低能源消耗。

常用的回归分析方法包括线性回归、多项式回归、岭回归、Lasso 回归等。线性回归假设自变量与因变量之间存在线性关系,通过最小二乘法求解回归系数,模型简单直观、易于解释和应用,但对于非线性关系的数据拟合效果可能较差。多项式回归则在线性回归的基础上引入了自变量的高次项，能够处理一定程度的非线性关系，但随着多项式次数的增加，模型可能出现过拟合现象。岭回归和 Lasso 回归属于正则化回归方法，它们在回归模型中加入了正则化项，用于防止模型过拟合。岭回归通过对回归系数进行 L2 正则化，使得模型在处理多重共线性问题时具有较好的稳定性。Lasso 回归则采用 L1 正则化，能够在回归过程中自动进行特征选择，将一些不重要的自变量系数压缩为零，从而简化模型结构，提高模型的解释性和泛化能力。

4.2.2 时间序列预测

时间序列预测专注于分析按时间顺序排列的数据序列，旨在挖掘数据随时间变化的规律，并据此预测未来的值。在工业经济统计中，许多指标都呈现出明显的时间序列特征，如工业产品的销售量、市场价格、企业的营业收入、生产成本等。

以电力行业为例，电力需求具有明显的季节性、周期性和趋势性变化。通过对历史电力需求数据的时间序列进行分析，可以建立预测模型来预测未来不同时间段的电力需求量。例如，自回归移动平均（Autoregressive Integrated Moving Average，ARIMA）模型基于数据的自回归、移动平均和差分运算，能够捕捉到时间序列数据中的短期相关性和长期趋势性。在夏季高温时期，由于空调等制冷设备的大量使用，电力需求通常会出现高峰。通过对多年夏季电力需求数据的分析和 ARIMA 模型的构建，可以预测未来夏季不同时段的电力需求峰值，为电力企业合理安排发电计划、调度电力资源提供依据，确保电力供应的稳定性和可靠性。

在工业产品价格预测方面，时间序列预测也具有重要的应用价值。例如，在对于钢材市场价格的预测方面，可收集过去数年的钢材价格日数据、周数据或月数据，分析价格数据中的波动规律、季节性变化以及长期趋势。采用指数平滑法等时间序列预测模型，综合考虑数据的水平、趋势和季节性因素，对未来的钢材价格走势进行预测。钢铁生产企业可以根据价格预测结果，合理安排生产计划和产品销售策略。例如：在价格上涨预期较强时，适当增加产量并囤积一定库存；在价格下跌趋势明显时，减少生产或提前签订销售合同锁定价格，以降低市场价格波动带来的风险，提高企业的经济效益。

除了 ARIMA 和指数平滑法外,还有其他一些先进的时间序列预测模型,如基于深度学习的循环神经网络(Recurrent Neural Network,RNN)及其变体长短期记忆网络(Long Short-Term Memory,LSTM)和门控循环单元(Gated Recurrent Unit,GRU)等。这些深度学习模型在处理长序列数据、捕捉复杂的时间依赖关系方面具有独特优势,能够更好地适应工业经济数据中复杂多变的时间序列特征,提高预测的准确性和可靠性。

4.3 深度学习在工业图像与文本数据处理中的探索

4.3.1 工业质检图像识别

在现代工业生产中,产品质量检测是确保产品符合标准和客户要求的关键环节。深度学习技术在工业质检图像识别领域取得了显著的应用成果,大大提高了质检的效率和准确性。

传统的工业质检方法主要依赖人工目视或基于简单图像处理规则的检测技术。人工检测存在劳动强度大、检测速度慢、主观性强且容易疲劳出错等问题,而传统的图像处理规则方法对于复杂产品缺陷的识别能力有限,难以适应多样化的产品类型和缺陷形态。深度学习中的卷积神经网络(Convolutional Neural Networks,CNN)为工业质检图像识别提供了强大的解决方案。

例如,在电子电路板的质检过程中,CNN 可以对电路板的图像进行自动分析,识别出焊接缺陷、元件缺失、线路短路或断路等各种问题。CNN 通过多层卷积层和池化层自动提取图像中的特征,如边缘、纹理、形状等,然后通过全连接层进行分类判断。在训练阶段,使用大量标注有缺陷类型的电路板图像样本对 CNN 模型进行训练,可以学习不同缺陷类型对应的图像特征模式。经过训练的模型在实际的质检应用中,能够快速准确地对新的电路板图像进行检测,判断是否存在缺陷以及缺陷的类型和位置。

在汽车零部件制造行业,深度学习也广泛应用于零部件表面质量检测，例如对汽车发动机缸体、曲轴等零部件的表面划痕、裂纹、砂眼等缺陷进行检测。通过对零部件表面图像的深度学习分析，可以实现非接触式、高速、高精度的质检过程，有效提高生产效率和产品质量。同时，随着工业生产的智能化发展，深度学习模型还可以与自动化生产设备相结合，实现缺陷产品的自动分拣和生产线的自动调整，进一步提升工业生产的自动化水平和质量控制能力。

4.3.2　市场舆情分析

在信息化时代，市场舆情对于工业企业的品牌形象、市场竞争力以及战略决策具有重要影响。深度学习技术在市场舆情分析领域的应用，能够帮助企业快速、准确地了解市场动态、消费者需求和公众意见。

市场舆情数据主要来源于互联网上的各种文本信息，如社交媒体平台（微博、微信、论坛等）上的用户评论、新闻媒体报道、电商平台上的客户评价等。这些文本数据具有数据量大、非结构化、语义复杂等特点，难以用传统的文本分析方法进行有效处理。深度学习中的自然语言处理（Natural Language Processing，NLP）技术，如循环神经网络、长短期记忆网络和注意力机制等，为市场舆情分析提供了有力工具。

例如，一家消费电子产品企业可以利用深度学习模型对社交媒体上关于其产品的用户评论进行分析。通过收集和整理微博、论坛等平台上的用户评价文本，并将其输入到基于LSTM的文本分类模型中，模型可以自动判断评论的情感倾向（正面、负面或中性），并提取出用户关注的产品特征和问题点。如果模型发现大量用户在评论中提及产品的电池续航有问题，企业便可及时了解到这一市场反馈，组织研发团队对产品进行优化改进，同时调整市场宣传策略，突出产品在其他方面的优势，以维护品牌形象和市场份额。

在行业竞争分析方面，深度学习也可用于对新闻媒体报道和行业研究报告等文本数据进行分析。通过对这些文本数据进行挖掘，可以了解竞争对手的新产品发布、技术创新、市场战略等信息，以及行业的发展趋势、政策动态等。例如，利用文本挖掘技术从大量的新闻报道中提取出关于竞争对手A公司与某高校合作开展新技术研发项目的信息，企业便可据此评估该项目对自身市场地位的潜在影响，并制定相应的应对策略，如加大自身的研发投入、寻求新的合作伙伴或调整市场定位等。

深度学习在工业图像与文本数据处理中的应用，不仅提高了工业经济统计在质量控制和市场监测方面的能力，也为工业企业的智能化决策提供了丰富的数据支持和全新的视角，推动工业经济向数字化、智能化方向快速发展。

此外，深度学习在工业数据处理中的应用还在不断拓展与深化。在工业设备故障诊断领域，基于深度学习的异常检测模型能够对设备运行时产生的多源数据如振动信号、温度数据、声音数据等进行综合分析。通过构建深度神经网络，模型可以学习到设备正常运行状态下的特征模式，进而在实际运行中实时监测数据变化，快速准确地识别出设备的异常状态，并预测可能发生的故障类型及时间。例如，在大型风力发电机的运维中，深度学习模型可对风机叶片的振动频谱、齿轮箱的油温变化以及发电机的电流波动等数据进行融合分析，提前数天甚至数周发现潜在的故障隐患。这为企业制定合理的设备维护计划提供了精确依据，有效避免了因设备突发故障导致的停机损失，显著提高了设备的可靠性和运行效率。

在工业供应链优化方面，深度学习同样有着广阔的应用前景。通过对海量供应链数据的深度挖掘，包括供应商信息、物流运输数据、库存数据以及市场需求预测数据等，深度学习模型能够优化供应链网络的设计与管理。例如，利用深度强化学习算法，模型可以根据实时的市场需求变化、交通状况以及供应商的供货能力等因素，动态地决定最优的库存水平、采购计划以及物流配送路径。以一家全球连锁零售企业为例，深度学习模型能够综合分析各门店的销售数据、地区经济数据以及季节因素，预测不同商品在不同地区的需求变化，同时结合供应商的生产周期、物流成本等信息，制定精准的采购和补货策略，以确保各门店既能满足消费者需求，又能保持最低限度的库存积压，从而极大地降低供应链成本，提高整体运营效益。

然而，深度学习在工业经济统计中的应用也面临一些挑战。首先，深度学习模型的训练需要大量的标注数据，而在工业领域，获取高质量的标注数据往往成本高昂且耗时费力。例如，在工业质检图像识别中，对各类缺陷图像的准确标注需要专业的技术人员和大量的时间投入。其次，深度学习模型的可解释性较差，这在一些对决策过程透明性和可解释性要求较高的工业场景中可能会引发信任问题。例如，在工业设备故障诊断中，仅仅告知企业设备存在故障风险，但无法解释故障发生的原因和依据，可能会使企业难以完全信任并采纳模型的诊断结果。最后，深度学习模型的计算资源需求较大，对于一些中小企业而言，构建和运行深度学习模型所需的硬件设施和计算能力可能是一个难以逾越的门槛。

为应对这些挑战，一方面，工业界和学术界正在积极探索半监督学习、自监督学习等新型学习范式，旨在减少对大量标注数据的依赖，通过利用未标注数据中的信息来提高模型的训练效果。例如，在工业图像分析中，可以采用自监督学习方法，让模型自动学习图像的一些基本特征和结构，然后再利用少量标注数据进行微调，以实现特定的质检或故障诊断任务。另一方面，研究人员也在努力提高深度学习模型的可解释性，通过开发可视化工具和可解释性算法，揭示模型决策过程背后的逻辑和依据。例如，利用特征图可视化技术展示卷积神经网络在工业图像识别中关注的图像区域和特征，或者采用基于规则提取的方法将深度学习模型的决策过程转化为可理解的规则集，增强企业对模型的信任度。此外，随着云计算技术的发展，中小企业可以借助云平台提供的强大计算资源来运行深度学习模型，这有利于降低自身硬件投资成本，推动深度学习技术在工业领域的广泛应用。

第 5 章

大数据驱动的工业经济运行监测与预警

智驱变革：
大数据赋能工业经济统计与产业升级

在当前工业领域，构建一套高效的工业经济运行实时监测体系是提高生产效率、优化资源配置和增强企业竞争力的关键措施。本章将深入探讨如何设计这样一个监测体系的架构，包括数据采集频率、指标选取等核心要素，并阐述基于统计模型（如控制图）和机器学习模型（如异常检测算法）的异常数据识别与预警方法。此外，还将探讨预警信息在企业内部及相关部门之间的有效传播途径与应对预案制定原则，以期为工业企业提供实用的参考。

构建工业经济运行实时监测体系的核心在于选择合适的数据采集频率和指标。数据采集频率需根据工业生产的特点和企业需求定制，既要保证数据的实时性，也要避免过度采集带来的资源浪费。指标的选取则应涵盖生产比例、智能设备联网率等关键性能指标，同时考虑创新能力相关的新产品研发周期、知识产权转化指标等，以确保监测体系的科学性和系统性。

在异常数据的识别与预警方面，控制图是一种有效的统计工具，能够通过设定控制限来监控过程的稳定性。当数据点超出这些控制限时，即表明存在异常情况。而机器学习模型，特别是异常检测算法，如孤立森林（Isolation Forest，iForest）、局部异常因子（Local Outlier Factor，LOF）等，能够在高维数据中发现异常模式。其优势在于不需要事先定义正常行为的模型，能够自动学习数据中的异常特征。

为了实现预警信息的有效传播，企业需要建立一套完善的信息传递机制，包括内部通讯渠道的畅通和跨部门协作机制的建立。如可以通过企业内网、邮件系统或移动应用等方式及时向相关人员发送预警信息。同时，制定应对预案时，应遵循快速响应、分级管理的原则，确保在不同级别的异常发生时，能够迅速采取相应的措施。

构建工业经济运行实时监测体系是一项系统工程，涉及数据采集、处理、分析和应用等多个环节。通过合理设计监测架构、采用先进的统计分析和机器学习技术进行异常检测与预警，以及建立高效的信息传播机制，企业可以显著提高生产过程的透明度和可控性，从而提升整体运营效率和市场竞争力。

5.1 实时监测体系的构建与架构设计

5.1.1 数据采集频率的确定

在构建工业经济运行实时监测体系时，数据采集频率的合理设定是关键因素之一。数据采集频率需要在数据时效性与采集成本、系统处理能力之间取得平衡。对于一些关键且变化迅速的工业指标，如工业生产线上关键设备的运行参数（如高精度数控机床的主轴转速、加工温度等），应采用高频次采集，可能每数秒甚至更短时间采集一次数据。这是因为这些参数的微小变化可能迅速影响产品质量和生产效率，因此及时掌握其动态变化对于生产过程的精准控制至关重要。

而对于一些相对稳定、变化较为缓慢的宏观工业经济指标，如工业企业的季度财务指标（资产负债率、利润率等），则可以设定较低的采集频率，按季度或月度采集即可。这样既能够满足对工业经济整体运行态势的长期观察与分析需求，又不会因过高频率的数据采集而增加不必要的成本与系统负担。同时，对于一些受到市场波动影响较大的指标，如工业产品的市场价格，根据市场交易活跃程度和价格波动周期，可以设定为每日或每周采集。例如，在电子消费品市场，由于产品更新换代快、市场竞争激烈，价格可能每日都有波动，因此设定每日采集价格数据能够及时反映市场供需关系的变化，为企业调整定价策略和生产计划提供及时依据。

5.1.2 监测指标的选取

监测指标的选取应全面且具有代表性，能够从多个维度反映工业经济的运行状况。从生产角度出发，监测指标包括生产规模指标，如工业总产值、工业增加值、主要产品产量等；生产效率指标，如劳动生产率、设备利用率、生产周期等。例如，劳动生产率反映了单位劳动力在单位时间内创造的工业增加值。通过对不同行业、不同企业的劳动生产率进行监测，可以评估工业生产的效率水平和技术进步程度。设备利用率则直接体现了工业设备的使用状况，对于资本密集型的制造业企业而言，设备利用率直接影响企业的生产成本和经济效益。

从市场角度来看，市场需求指标如产品订单量、销售额、市场占有率等不可或缺。产品订单量和销售额反映了市场对企业产品的接受程度和需求规模，市场占有率则进一步说明了企业在行业竞争中的地位。此外，市场价格指标如原材料价格、产品销售价格及其波动趋势，对于企业成本控制、利润预测以及市场策略制定具有关键意义。例如，原材料价格的上涨可能压缩企业利润空间，促使企业寻找替代材料或调整产品价格，而产品销售价格的波动则可能影响企业的市场份额和销售收入。

从创新与发展的维度，研发投入指标如研发经费占销售收入的比重、研发人员的数量及占比等，反映了企业对创新的重视程度和投入力度；新产品开发指标如新产品产值率、新产品推出速度等，体现了企业的创新成果转化能力和市场竞争力的可持续性。例如，对于一家高新技术企业而言，较高的研发投入比重和快速的新产品推出速度往往意味着其在技术创新前沿的领先地位，能够在激烈的市场竞争中占据优势，引领行业发展方向。

从经济效益和财务状况方面，选取资产负债率、流动比率、利润率、成本费用利润率等指标。资产负债率反映企业的偿债能力，过高的资产负债率可能预示着企业面临较大的财务风险。利润率和成本费用利润率则直接衡量企业的盈利能力，是评估企业经营效益的核心指标。通过对这些指标进行综合监测，可以全面了解工业企业的财务健康状况和经济效益水平，为企业管理者、投资者以及政府监管部门提供重要的决策依据。

5.1.3 系统架构的设计

实时监测体系应具备高可靠性、高扩展性和高效的数据处理能力，可采用分层架构设计，包括数据采集层、数据存储层、数据处理层和数据展示层。

数据采集层负责从各种工业数据源收集数据，如企业内部的生产管理系统（MES）、企业资源计划（ERP）系统、物联网设备（传感器、智能仪表等）以及外部的互联网平台（行业网站、电商平台等）。通过多种数据采集技术，如利用传感器技术采集物理量数据、利用网络爬虫技术采集网络公开数据、通过数据接口获取系统内部数据等，可以确保数据的全面性和及时性。例如，在一个大型工业制造企业中，生产车间的传感器网络实时采集设备运行数据，并通过工业以太网传输到数据采集服务器。同时，企业的 ERP 系统通过数据接口将财务、采购、销售等数据传输到数据采集层，实现内部数据的整合采集。

数据存储层采用分布式存储架构，如基于 Hadoop 的分布式文件系统（HDFS）或分布式数据库（如 NoSQL 数据库），以应对海量工业数据的存储需求。对于结构化数据，可以采用关系型数据库进行存储管理。对于非结构化和半结构化数据（如工业图像、视频、日志文件等），则利用分布式文件系统或 NoSQL 数据库进行存储。例如，企业的历史生产数据、财务数据等结构化数据存储在关系型数据库中，而生产设备的运行日志、工业监控视频等非结构化数据存储在 HDFS 中，这样既保证了数据的存储效率，又便于数据的查询与管理。

数据处理层是整个监测体系的核心，承担数据清洗、转换、分析和异常检测等任务。运用大数据处理技术，如 Hadoop MapReduce、Apache Spark 等分布式计算框架，对采集到的海量数据进行并行处理。在数据清洗环节，去除数据中的噪声、错误和重复数据，提高数据质量。例如，通过设定数据过滤规则，去除传感器采集数据中的异常值和错误值，保证数据的准确性。数据转换则将不同格式、不同来源的数据统一转换为可分析的格式，如将文本格式的日志数据转换为结构化的表格形式。数据分析采用多种统计分析方法和机器学习算法，如利用数据挖掘算法挖掘数据中的潜在模式和关联关系，利用机器学习模型进行预测和异常检测。例如，利用关联规则挖掘算法发现工业生产过程中原材料消耗与产品质量之间的潜在联系，通过构建基于机器学习的预测模型对工业经济指标进行短期或长期预测，采用异常检测算法识别数据中的异常波动和潜在风险。

数据展示层将处理后的结果以直观、易懂的形式展示给用户，包括企业管理者、政府监管部门等。通过数据可视化技术，如制作仪表盘、报表、图表（柱状图、折线图、饼图、地图等）以及交互式可视化界面，展示工业经济运行的关键指标、趋势变化、异常情况等信息。例如：为企业管理者制作生产运营仪表盘，实时显示生产进度、设备利用率、产品质量等指标的当前状态和历史趋势，以便其快速了解企业生产经营状况并及时作出决策;为政府监管部门提供行业经济运行报表和可视化分析图,展示区域内工业经济的总体规模、结构分布、增长趋势以及潜在风险点,为制定产业政策和宏观调控措施提供数据支持。

5.2 异常检测与预警机制

5.2.1 基于统计模型的预警方法

统计模型在工业经济运行异常检测与预警中有着广泛应用,其中控制图是一种常用的工具。控制图基于统计学原理,通过设定控制界限来判断数据是否处于正常统计控制状态。例如,对于工业产品质量指标(如产品尺寸、重量、强度等)的监测,可以绘制均值-极差控制图(X-R 图)。首先,收集一定数量的产品质量样本数据,计算样本均值和极差(最大值与最小值之差),并根据样本数据的统计特性确定控制上限(Upper Control Limit,UCL)、中心线(Center Line,CL)和控制下限(Lower Control Limit,LCL)。在后续的生产过程中,定期抽取产品样本,计算其均值和极差,并将这些数据点绘制在控制图上。

如果数据点落在控制界限内且随机分布,则表明生产过程处于稳定状态,产品质量符合预期。然而,如果数据点超出控制界限或者呈现出非随机的系统性变化趋势(如连续上升或下降、周期性变化等),则表明生产过程可能存在异常因素,会影响产品质量。例如,若产品尺寸均值的连续多个样本点超出控制上限,可能意味着生产设备存在刀具磨损、加工参数设置不当或者原材料质量发生变化等问题,需要及时进行调查和调整。这种基于控制图的预警方法简单直观,能够快速发现生产过程中的异常波动,适用于对工业生产过程中具有稳定统计特性的指标进行监测与预警。

除了控制图,假设检验也是一种基于统计模型的预警方法。针对工业经济运行中的特定问题或假设,如某工业企业的销售额是否与历史同期相比有显著变化、不同地区工业企业的平均利润率是否存在差异等,可以通过收集相关数据并进行假设检验。首先提出原假设(如销售额无显著变化、不同地区企业的平均利润率无差异等)和备择假设(销售额有显著变化、不同地区企业的平均利润率存在差异等),其次根据数据的分布类型选择合适的检验统计量(如 t 检验统计量、F 检验统计量等)进行计算,最后与相应的临界值进行比较。如果检验统计量的值超过临界值,则拒绝原假设,认为存在显著差异或变化,从而触发预警信号。这种方法能够在一定程度上判断工业经济指标的变化是否具有统计显著性,从而为决策提供依据。但需要对数据的分布特性有较为准确的了解,且对于复杂的非线性关系和多变量问题处理能力有限。

5.2.2 基于机器学习模型的预警方法

机器学习模型在处理复杂的工业经济数据和发现潜在异常模式方面具有独特的优势。其中,基于聚类的异常检测算法较为常用。该算法首先将工业数据集聚类成不同的簇,使得同一簇内的数据点具有较高的相似性,而不同簇之间的数据点差异较大。然后,根据数据点与所属簇中心的距离或密度等特征来判断其是否为异常点。例如,在对工业企业的能源消耗数据进行分析时,对众多企业的能源消耗数据进行聚类,形成不同的能耗模式簇,如高能耗企业簇、中能耗企业簇、低能耗企业簇等。如果某个企业的数据点远离其所属簇的中心或者处于低密度区域,则可能被视为异常点,表明该企业的能源消耗模式与同类型的企业存在较大差异,可能存在能源浪费、生产工艺不合理或设备故障等问题,需要进一步调查核实并采取相应措施。

基于分类的机器学习模型也可用于异常检测与预警。通过建立分类模型,如支持向量机(Support Vector Machine,SVM)、决策树、随机森林等,将工业数据分为正常类和异常类。在模型训练阶段,使用大量已标记的正常和异常工业数据样本对模型进行训练,使模型学习到正常数据的特征模式和异常数据的判别规则。在实际应用中,将待检测的数据输入训练好的分类模型中,模型可以根据数据的特征判断其所属类别,如果数据被判定为异常类,则发出预警信息。例如,在工业产品质量检测中,可以将产品的各种质量特征(如外观尺寸、物理性能、化学成分等)作为输入变量,建立分类模型来判断产品是否合格。当一批新产品的质量数据输入模型后,如果模型判定其为不合格产品,则立即触发预警,阻止不合格产品进入市场，保障消费者权益和企业声誉。

此外，深度学习模型在工业经济运行异常检测与预警中的应用日益广泛。例如，采用 CNN 对工业图像数据(如工业产品表面缺陷图像、工业设备运行状态图像等)进行异常检测。CNN 通过多层卷积层和池化层自动提取图像中的特征，如边缘、纹理、形状等，然后通过全连接层进行分类判断，识别图像中的异常区域或缺陷类型。对于工业时间序列数据(如工业产品销售数据、工业生产指标数据随时间的变化序列等)，可以利用循环神经网络及其变体长短期记忆网络和门控循环单元进行异常检测。这些深度学习模型能够自动学习数据的复杂特征和长期依赖关系，对数据中的微小变化和潜在异常模式具有较高的敏感性，能够更精准地发现工业经济运行中的异常情况并发出预警信号，为企业和政府部门提供更及时、有效的决策支持。

5.3 预警信息的传播与应对策略

5.3.1 预警信息的传播途径

预警信息的有效传播是确保工业经济运行异常情况能够得到及时处理的关键环节。在企业内部，应建立多渠道的预警信息传播体系。首先，通过企业内部信息系统(如 ERP、MES 等)的消息推送功能，将预警信息直接发送到相关部门负责人和关键岗位人员的工作终端，可以确保信息的及时性和准确性。例如，当生产线上出现设备故障预警时，MES 系统自动将预警信息推送给设备维护部门的工作人员，同时抄送给生产部门主管，以便他们能够迅速组织人员进行设备维修和生产调整。

其次，利用企业内部通信工具，如电子邮件、即时通信软件等，对预警信息进行详细说明和补充。对于一些复杂的预警情况，可能需要提供更多的背景信息、数据支持和分析报告，以便相关人员能够全面了解情况并作出正确决策。例如，在企业面临财务风险预警时，财务部门可以通过电子邮件向企业高层管理人员发送详细的财务分析报告，说明预警指标的变化情况、可能的原因以及潜在的影响，并通过即时通信软件与相关人员进行沟通交流，解答疑问。

最后，可以在企业内部设置可视化的预警信息展示平台，如电子显示屏、监控大屏等，在企业公共区域或相关部门办公区域进行展示。这些可视化平台可以以直观的图表、颜色变化、声音提示等方式展示预警信息的关键内容，如预警级别、预警指标、异常值等，使企业员工能够在第一时间了解到企业整体的运行状况和潜在风险，增强员工的风险意识，提高应急响应能力。例如，在企业的生产调度中心设置监控大屏，实时显示生产线上的设备运行状态预警、质量预警以及生产进度预警等信息，方便调度人员统一指挥和协调生产活动。

在企业外部，预警信息应及时传递给相关政府部门、行业协会、上下游企业等利益相关者。涉及重大工业经济安全或公共利益的预警信息，如工业企业的重大环境污染事故预警、区域性工业经济危机预警等，应通过政府官方渠道（如政府应急管理平台、行业监管部门网站等）向社会公众发布，以提高信息的透明度和公信力，引导社会舆论和公众行为。例如，当某化工企业发生重大泄漏事故预警时，当地环保部门和应急管理部门应在其官方网站和社交媒体平台上及时发布预警信息，包括事故可能的影响范围、危害程度、应对措施等，提醒周边居民采取防护措施，同时协调相关部门和企业开展应急救援工作。

行业协会在预警信息传播中也发挥着重要的桥梁作用。企业可以将预警信息及时反馈给行业协会，行业协会通过其会员服务平台、行业网站、内部刊物等渠道向会员企业传播预警信息，并组织会员企业进行交流研讨，共同应对行业面临的挑战。例如，某行业协会在收到部分会员企业关于原材料价格大幅上涨的预警信息后，通过召开行业研讨会、发布行业预警报告等形式，向全体会员企业通报情况，分析价格上涨的原因和趋势，并组织会员企业共同探讨应对策略，如联合采购、寻找替代材料、调整产品价格等，以增强行业的整体抗风险能力。

上下游企业之间的信息共享与预警协同也至关重要。通过建立供应链信息共享平台或合作伙伴关系管理系统，企业可以将自身面临的生产、销售、库存等方面的预警信息及时传递给上下游企业，以便它们能够提前做好准备，调整生产计划、采购策略或销售方案。例如，一家汽车零部件制造企业在接到汽车主机厂订单减少的预警信息后，及时通过供应链信息共享平台将该信息传递给其原材料供应商，供应商则可以根据情况适当减少原材料生产和库存，避免积压损失。同时，该零部件制造企业也可以与下游的售后服务企业沟通，共同制定应对市场需求变化的服务策略，如调整配件库存、优化维修服务流程等，以提高供应链的整体协同效率和抗风险能力。

5.3.2 应对预案的制定原则

应对预案的制定应遵循科学性、系统性、灵活性和可操作性原则。科学性原则要求应对预案的制定应基于对工业经济运行异常情况的深入分析和科学评估，充分考虑各种可能的影响因素和潜在风险，运用科学的方法和技术手段制定应对措施。例如，在制定工业企业安全生产事故应对预案时，应根据企业的生产工艺特点、设备运行状况、人员素质等因素，结合事故发生的概率、危害程度等科学评估结果，制定合理的事故预防措施、应急救援流程和人员疏散方案，以确保预案的有效性和针对性。

系统性原则强调应对预案应涵盖工业经济运行的各个环节和方面，形成一个完整的应对体系。从预警信息的接收与分析、决策指挥机制的建立、应急资源的调配、现场处置措施的实施到后期的恢复与重建等，每个环节都应有明确的规定和流程安排，且各个环节之间应相互协调、相互衔接，形成一个有机的整体。例如，在应对区域性工业经济危机时，政府部门应制定包括财政政策支持、货币政策调整、产业政策引导、企业帮扶措施等在内的系统性应对预案，从宏观经济调控、产业结构调整、企业微观运营等多个层面协同发力，缓解经济危机对工业经济的冲击，促进工业经济的复苏和稳定发展。

灵活性原则要求应对预案能够根据不同的异常情况和变化的外部环境及时进行调整和优化。工业经济运行面临的情况复杂多变，可能出现各种意想不到的突发情况，因此应对预案应具有一定的弹性和适应性。例如，在制定工业企业市场竞争应对预案时，应充分考虑市场需求变化、竞争对手策略调整、政策法规变动等多种因素的不确定性，制定多种应对方案和策略选择，并根据实际情况及时进行切换和调整。当市场需求突然转向时，企业要能够迅速调整产品结构和生产计划，推出符合市场需求的新产品或调整产品价格,提高企业的市场竞争力和应变能力。

可操作性原则是应对预案的核心要求之一,即预案中的各项措施和流程应具体、明确、易于实施。应对预案应明确规定各个部门和人员的职责分工、行动步骤、时间节点、资源需求等内容,避免出现模糊不清、职责不明的情况。例如,工业企业火灾事故应急救援预案应详细规定消防部门、企业安全管理部门、生产部门、后勤保障部门等部门在火灾发生后的具体职责和任务:消防部门负责火灾扑救和现场救援指挥;企业安全管理部门负责组织人员疏散和事故调查;生产部门负责切断电源和危险物质源;后勤保障部门负责提供应急物资和设备保障等。同时,明确每个部门的行动步骤和时间要求,如消防部门在接到报警后几分钟内到达现场、企业安全管理部门在火灾发生后多久完成人员疏散组织工作等,以确保在实际应急救援过程中,各部门和人员能够迅速、有序地开展工作,有效应对事故。

此外,应对预案还应注重与外部资源的整合与协作。在工业经济运行面临重大异常情况时,单靠企业或某个地区的力量往往难以有效应对,需要整合社会各方资源,包括政府部门、专业救援机构、科研院校、金融机构等。例如,在应对重大工业环境污染事件时,企业应与环保部门、专业环境监测机构、环境治理公司等密切合作。环保部门负责监督和指导应急处置工作;专业环境监测机构提供准确的环境监测数据,为决策提供科学依据;环境治理公司则承担污染治理的具体任务。同时,企业还可借助科研院校的科研力量,开展污染治理技术研发和创新,提高污染治理效果。金融机构在应对过程中可提供必要的资金支持,如为企业的污染治理项目提供贷款,为受影响地区的经济恢复提供金融援助等。通过整合各方资源,可以形成强大的应对合力,提高应对重大异常情况的能力和效率。

在应对预案的实施过程中,还应加强对应急演练的重视。应急演练是检验和提升应对预案有效性的重要手段。企业和政府部门应定期组织不同类型、不同规模的应急演练,模拟各种可能的工业经济运行异常情况,如生产事故、市场危机、自然灾害对工业的影响等。通过应急演练,一方面,可以检验应对预案的科学性、合理性和可操作性,发现应对预案中存在的问题和不足,及时进行修订和完善;另一方面,可以提高相关人员的应急意识和应急处置能力,使其熟悉应急流程和各自的职责分工,增强在实际应急情况下的协同配合能力。例如，工业企业可组织生产事故应急演练，包括火灾、爆炸、泄漏等事故，演练内容应涵盖从事故预警、人员疏散、应急救援到事故调查处理等的各个环节。通过演练检验企业在事故发生后的应急响应速度、救援能力以及各部门之间的协调配合能力，同时对演练过程进行评估和总结，针对发现的问题对应急预案进行优化，可以确保预案在实际应用中发挥最大效能。

同时，建立完善的预警信息反馈与评估机制也是至关重要的。在预警信息发布后及应对预案实施过程中，应及时收集各方反馈信息，包括企业内部各部门、员工，外部利益相关者如政府部门、上下游企业、行业协会等的意见和建议。对预警信息的准确性、及时性以及应对预案的有效性进行全面评估，分析预警信息传播过程中存在的问题，如信息是否准确传达、是否存在信息延误或失真等情况；评估应对预案在实施过程中各项措施的执行效果，如是否达到预期目标、是否存在资源浪费或不足等问题。根据反馈与评估结果，对应急管理体系进行持续优化，不断提高工业经济运行监测与预警的整体水平，为工业经济的稳定、健康发展提供坚实保障。例如，在一次工业经济危机应对结束后，政府部门组织相关企业、行业协会和专家学者对预警信息发布的准确性、应对预案中财政政策、货币政策和产业政策的实施效果进行深入评估，总结经验教训，为今后制定更加科学合理的预警与应对策略提供参考依据，从而不断完善工业经济运行监测与预警机制，增强工业经济应对各种风险和挑战的能力。

5.3.3 新指标体系的构建

为了更全面地反映工业经济运行的创新能力和智能化水平，我们提出了以下新指标。

生产比例：指智能生产设备与传统生产设备的数量比例，用于衡量企业智能化转型的程度。

智能设备联网率：指已联网的智能设备数量占总设备数量的比例，用于反映企业物联网技术的应用情况。

新产品研发周期：指从新产品概念提出到产品上市的时间跨度，用于衡量企业的创新能力和市场响应速度。

知识产权转化：包括专利申请量、授权量以及转化率等，用于评估企业在知识产权保护和运用方面的成果。

构建工业经济运行实时监测体系是一项复杂而重要的任务。通过合理的数据采集频率和指标选取架构设计，以及基于先进模型的异常数据识别与预警方法，我们能够实现对工业经济运行状况的全面监控和及时预警。同时，通过有效的信息传播途径和科学的应对预案制定原则，我们能够确保预警信息的及时传达和妥善处理。此外，新提出的生产比例、智能设备联网率等指标也将为我们提供更加全面、深入的工业经济运行分析视角。未来，随着技术的不断发展和应用的不断深化，我们有理由相信工业经济运行实时监测体系将会发挥更加重要的作用，为工业经济的持续健康发展提供有力保障。

第 6 章

大数据助力工业企业生产与管理优化

智驱变革：
大数据赋能工业经济统计与产业升级

随着信息技术的飞速发展，大数据技术已经成为工业企业不可或缺的一部分。它通过收集、分析海量数据，揭示生产过程中的潜在问题和改进机会，从而帮助企业优化生产流程、提高生产效率。在现代工业领域，大数据的应用已经渗透到从供应链管理到产品设计的每一个环节，其影响力不容忽视。本章将探讨大数据如何在工业企业中发挥作用，以及这一技术革新给行业带来的深远影响。

在精益生产过程中，浪费是导致成本增加和效率降低的主要因素之一。通过部署先进的数据分析工具，企业能够精确识别生产过程中的非增值活动，并采取措施予以消除。例如，通过对机器运行数据进行实时监控，企业可以发现设备发生故障的前兆，从而预防性地维护设备，减少停机时间和维修成本。这种基于数据驱动的决策过程不仅提升了生产的连续性，也显著提高了资源的利用效率。

同时，大数据还在供应链管理中发挥着至关重要的作用。通过整合上下游企业的数据，可以实现更加精准的需求预测和库存控制，避免过度生产和库存积压。物流优化则依赖于对运输路线、货物跟踪等信息的深入分析，可以确保产品能够快速、安全地送达客户手中。这些协同工作的结果是整个供应链的效率得到提升，响应市场变化的能力增强。

在成本控制方面，大数据分析为企业提供了一种全新的视角。通过对成本动因进行分析，企业能够更好地理解各项开支的来源和性质，进而制定更为合理的预算分配方案。资源配置优化模型则帮助企业在有限的投入下实现最大的产出效益。例如，通过对历史销售数据进行分析，企业可以预测未来的市场需求趋势，据此调整生产计划，避免因生产过剩而造成资源浪费。

产品质量是企业竞争力的核心，而大数据技术为质量管理提供了强有力的支持。通过对产品全生命周期的质量数据进行采集和分析，企业能够及时发现质量问题的根源，并采取相应的改进措施。此外，构建质量追溯系统不仅有助于追踪产品的制造历程，还能在出现质量问题时迅速定位责任环节，保障消费者的权益。

1) 精益生产中的浪费识别与消除

在精益生产中，数据分析已成为识别和消除生产过程中浪费环节的关键工具。通过具体案例分析，我们可以看到数据分析如何帮助企业发现隐藏的效率低下问题，并采取有效措施进行改进。

以某汽车制造企业为例，该企业通过安装传感器和实时数据监控系统，采集了生产线的运行数据。通过对这些数据进行深入分析，企业发现了多个生产环节中的浪费现象，如过度加工、等待时间过长以及库存积压等。针对这些问题，企业采取了相应的措施，如优化工艺流程、调整作业顺序和改善供应链管理等，从而显著提高了生产效率。

这一过程对企业生产效率的提升产生了实际影响。首先，通过数据分析识别出的浪费环节得到了有效消除，减少了不必要的资源消耗和成本支出。其次，优化后的生产过程更加流畅，缩短了产品交付时间，提高了客户满意度。最后，数据分析还帮助企业建立了持续改进的文化，鼓励员工积极参与到效率提升的活动中来。

总之，数据分析在精益生产中的应用不仅有助于识别和消除浪费环节，还能促进企业持续改进和发展。随着大数据技术的不断发展和应用，我们有理由相信，数据分析将在未来的工业生产过程中发挥更加重要的作用。

2) 供应链各环节的协同优化

在现代供应链管理中，大数据分析已经成为推动上下游企业之间信息共享和协同工作的关键因素。通过收集和分析来自销售、生产、物流等多个环节的大量数据，企业能够更准确地预测市场需求，优化库存管理水平，并提高物流效率。例如，通过对历史销售数据和市场趋势进行分析，企业可以预测未来一段时间内的产品需求量，从而调整生产计划和库存策略，避免过度库存或缺货的情况发生，这不仅有利于提高资金的流动性，也可以降低因库存积压导致的产品贬值风险。

此外，通过对物流数据进行实时监控和分析，企业可以及时发现供应链中的瓶颈问题，比如运输延误或货物损坏等，并迅速采取措施解决。这种基于数据的决策过程有助于缩短产品从工厂到消费者手中的时间，提升客户满意度，同时降低了运营成本。总之，借助于大数据技术，供应链管理变得更加智能化和高效化，为企业带来了显著的经济效益和社会价值。

3）基于数据分析的企业成本控制策略

在当今竞争激烈的市场环境中，企业成本控制策略的精准性直接关系到其生存和发展。大数据技术的引入为工业企业提供了一个强有力的工具，使工业企业可以通过数据分析来优化成本控制。成本动因分析是这一过程中的关键步骤，它帮助企业识别出影响成本的核心因素，从而有针对性地采取措施。资源配置优化模型进一步辅助企业在有限的资源下实现最大化效益，确保每一笔投入都能产生最大的回报。

例如，一家制造企业通过收集和分析生产数据，发现了原材料浪费的环节。利用大数据分析，企业不仅识别出了浪费的具体环节，还通过优化生产流程和改进物料管理策略，显著降低了原材料成本。这种基于数据的成本控制方法，使得企业在保持产品质量的同时，有效减少了不必要的开支，提高了利润率。

此外，数据分析还能帮助企业在供应链管理中实现成本优化。通过对供应链各环节的数据进行分析，企业能够更准确地预测市场需求，合理安排生产和库存，减少过剩或缺货情况的发生。这种精细化管理不仅降低了库存成本，也提高了客户满意度和企业的市场响应速度。

在实践中，数据分析支持下的成本控制策略已经帮助众多工业企业实现了成本的有效降低和利润的显著提升。这些成功的案例表明，大数据技术的应用为企业提供了一种新的成本管理模式，使得企业在激烈的市场竞争中更加灵活和具有竞争力。未来，随着数据分析技术的不断进步和深入应用，企业的成本控制将更加智能化、精细化，为企业带来更大的经济效益和管理效率。

4）产品质量全生命周期管理

在当今竞争激烈的工业环境中，产品质量是企业立足之本，而大数据技术的融入，则为这一追求注入了新的活力。通过全面采集与分析贯穿产品全生命周期的质量数据，企业能够精准把脉，及时发现并纠正设计缺陷，优化生产工艺，确保每一件产品都能达到高品质标准。同时，结合先进的质量追溯系统，从原材料采购到最终用户反馈，每一环节的数据都被细致地记录，为快速响应市场变化提供了坚实的基础。

这种基于大数据分析的全生命周期管理模式，提升了产品的一次合格率，减少了返工与召回成本，更深刻地改善了客户体验。例如，通过对售后服务中收集的客户反馈进行大数据分析，企业可以迅速定位问题根源，并有针对性地进行产品改进或服务升级。这不仅提高了客户的满意度和忠诚度，还为企业树立了良好的品牌形象。

大数据技术还助力企业实现对供应链上下游的质量管控，确保原材料质量稳定可靠，同时优化库存管理，减少因质量问题导致的呆滞物料。此外，借助预测性分析模型，企业能够预判潜在质量问题，采取预防措施，将损失降到最低。

综上所述，大数据技术的应用不仅让产品质量全生命周期管理变得更加高效与智能，更为企业带来了实实在在的经济效益与客户口碑的双重提升，是推动工业企业向高质量发展转型的关键力量。

6.1 生产流程优化的大数据应用案例

6.1.1 精益生产中的大数据应用

精益生产旨在通过消除浪费、优化流程来提高生产效率和质量。大数据在精益生产中发挥着关键作用，为企业提供了深入洞察生产过程的能力。

以汽车制造企业为例，在生产车间内，大量传感器被部署于各类生产设备上，这些传感器实时采集设备的运行参数，如机床的转速、压力、温度，机器人的工作频率、运动轨迹等数据。通过对这些数据进行分析，企业能够精确地掌握设备的运行状况，预测设备故障。例如，通过建立机器学习模型，对历史设备故障数据和实时运行参数进行学习。当检测到某台机床的温度持续异常升高且振动幅度超出正常范围时，模型能够预警设备可能即将发生故障，企业便可及时安排维护人员进行检修，避免因设备突发故障导致的生产线停工，从而减少生产中断可能带来的巨大损失，这正是精益生产中对设备管理环节浪费的有效消除。

同时,大数据分析还应用于生产流程的优化。通过对生产线上各个工序数据进行收集与分析,包括工序的加工时间、产品在各工序间的流转时间、次品率等信息,企业可以识别出生产流程中的瓶颈环节。例如,发现某一装配工序中零部件供应不及时,导致工人等待时间过长,影响了整个生产线的生产效率。基于此分析结果,企业可以调整供应链策略,优化库存管理,确保零部件的及时供应,或者对该工序进行重新设计与优化,提高其生产能力,从而使整个生产流程更加顺畅高效,以减少不必要的时间浪费和资源闲置,进一步提升精益生产水平。

6.1.2　供应链协同的大数据应用

在供应链管理方面,大数据促进了企业间的协同合作,提升了整个供应链的效率和灵活性。

例如,一家电子产品制造企业与其众多供应商之间建立了大数据共享平台。企业通过自身的生产计划系统、销售数据系统以及市场需求预测系统产生的大量数据,结合供应商提供的原材料库存数据、生产周期数据等信息,进行综合分析。基于这些数据,企业能够精确地制订原材料采购计划,避免了因采购过多导致库存积压、占用资金,或采购过少而影响生产的情况。同时,供应商也能够根据企业的生产计划和需求预测信息,提前安排自身的生产和配送计划,确保原材料能够按时、按量地送达企业生产车间。

在物流配送环节,大数据同样发挥着重要作用。通过对物流运输过程中的车辆位置信息、运输货物的状态信息、交通路况信息等数据进行实时采集与分析,企业可以优化物流路线规划,提高运输效率,降低运输成本。例如,在运输电子产品时,需要确保运输环境的温度和湿度在一定范围内。通过传感器实时监测并结合地理信息系统(Geographic Information System,GIS)和交通数据,当发现某条运输路线可能因交通拥堵导致运输时间过长且可能影响货物存储环境时,系统会自动重新规划路线,选择更为畅通且能保证货物环境稳定的替代路线,在确保产品质量不受影响的同时,提高供应链的整体响应速度和协同性。

6.2 企业成本控制与资源配置的数据分析策略

6.2.1 企业成本控制的数据分析

企业成本控制是提高盈利能力的关键因素之一，大数据分析为成本控制提供了精细化管理的手段。

在生产成本方面，通过对生产过程中的原材料消耗数据、能源消耗数据、人工工时数据等进行详细分析，企业可以找出成本控制的关键点。例如，通过分析不同批次产品的原材料消耗数据，企业可以发现在特定生产工艺下，某一型号产品的某种原材料的使用率过高，经过深入研究认为可能是该工艺参数设置不合理导致原材料浪费。企业可以据此调整工艺参数，优化原材料使用配方，从而降低原材料成本。在能源消耗方面，通过对各生产设备的能源使用数据进行分析，企业可以识别出高能耗设备和能耗高峰期，采取节能措施，如设备升级改造、优化生产排班以平衡能源需求等，降低能源成本。

在运营成本方面，大数据分析同样有着广泛应用。通过对企业的采购数据进行分析，包括不同供应商的采购价格、采购数量、采购频率等信息，企业可以进行供应商的优化选择和采购策略的调整。例如，企业发现某一供应商提供的零部件虽然价格较低，但质量不稳定，导致产品次品率上升，从而增加了质量检测成本和售后维修成本。通过综合成本分析，企业可能会选择价格稍高但质量可靠的供应商，并与供应商协商建立长期合作关系，以获取更优惠的价格和更好的服务，从而降低整体运营成本中的采购成本和质量成本。

此外，对企业的销售费用、管理费用等数据进行分析，也能够激发企业成本控制的潜力。例如，通过对销售数据进行分析，了解不同地区、不同客户群体的销售成本和利润贡献情况，企业可以调整销售策略，将资源重点投向利润较高的地区和客户群体，减少对低利润或亏损业务的投入，从而降低销售费用并提高整体利润水平。在管理费用方面，通过分析企业内部各部门的费用支出情况，企业可以找出费用过高的部门和项目，并通过优化流程、精简机构或采用信息化手段提高管理效率，从而降低管理成本。

6.2.2 企业资源配置的数据分析

合理的资源配置是企业高效运营的基础，大数据分析有助于企业实现资源的优化配置。

在人力资源配置方面，企业可以对员工的工作绩效数据、技能水平数据、培训记录数据以及各岗位的工作任务量和工作难度数据等进行综合分析。例如，企业通过分析发现某生产线上的某个岗位的任务量长期处于饱和状态，而员工的工作效率却较低，并通过进一步分析认为可能是员工技能不匹配或培训不足导致。企业可以根据分析结果，为该岗位员工提供有针对性的培训课程，提升其工作能力；或者对人员进行重新调配，将一些技能水平较高、工作效率高的员工分配到该岗位，同时将该岗位的部分工作任务合理分配到其他相对空闲的岗位，实现人力资源在各岗位间的平衡配置，提高整体生产效率。

在设备资源配置方面，企业可以利用大数据分析企业内部各类设备的使用频率、利用率、维护成本、生产能力等数据。例如，某企业拥有多台不同型号的加工设备，通过数据分析发现其中一台设备的利用率较低，而另一台同类型设备却长期处于满负荷运转状态。企业可以考虑将部分生产任务从满负荷设备转移到利用率低的设备上，或者对利用率低的设备进行技术改造或出售处理，以避免设备资源闲置浪费，同时确保企业的生产需求得到满足，提高设备资源的整体利用效率。

在资金资源配置方面，企业可以利用大数据分析财务数据，包括不同项目的投资回报率、资金周转率、现金流状况等信息。例如，企业在多个项目上有资金投入，通过对各项目的财务数据进行分析，发现某一研发项目虽然具有较高的创新性，但资金投入过大且短期内看不到明显回报，而另一生产项目资金需求较大但投资回报率较高且资金周转较快。企业可以根据分析结果，适当调整资金分配策略，减少对低回报研发项目的资金投入，增加对高回报生产项目的支持力度，确保资金流向最具价值的项目和业务环节，从而提高企业资金的使用效率和整体经济效益。

6.3 产品质量提升与质量追溯的大数据方案

6.3.1 产品质量提升的大数据应用

大数据为产品质量提升提供了全面、精准的数据支持和分析手段。

在产品设计阶段,企业可以收集大量的市场需求数据、客户反馈数据、同类产品的性能数据以及行业标准数据等进行分析。例如,一家智能家居企业在设计新款智能门锁时,通过对市场上已有的智能门锁的用户评价数据进行挖掘,发现用户对于门锁的安全性、便捷性以及其与手机 APP 的兼容性关注度较高。同时,通过分析行业内的相关技术标准和竞争对手产品的性能参数,并结合自身的技术研发能力,该企业确定在产品设计中重点优化门锁的加密算法、指纹识别速度和准确率、手机 APP 的功能模块等,从而提高产品的市场竞争力和质量水平。

在生产制造过程中,如前文所述,通过对生产设备数据进行采集与分析,保证设备稳定运行,减少因设备故障导致的产品质量问题。同时,对生产过程中的质量检测数据进行深入分析,包括每一道工序的检测结果、次品产生的原因、次品的类型和分布等信息。例如,一家服装制造企业在生产过程中对裁剪、缝制、印染等各工序的质量检测数据进行分析,发现某一批次服装缝制工序中的针脚密度不符合标准的次品率较高,经过进一步调查发现是部分缝纫机的针距设置错误以及工人操作不熟练导致的。企业可以针对这一问题,对缝纫机进行统一校准,并加强对工人的技能培训,从而有效降低次品率,提高产品质量。

在产品售后阶段,大数据分析同样有助于产品质量的持续改进。通过收集客户的使用反馈数据、产品维修数据、投诉数据等信息,企业可以快速定位产品存在的质量缺陷和问题。例如,一家手机制造商通过对售后维修数据进行分析,发现某一款手机在使用一段时间后,电池续航能力明显下降且屏幕出现亮点的故障率较高。企业可以根据这些反馈信息,追溯到产品的原材料供应商、生产工艺环节以及质量检测环节,找出问题根源,对电池供应商进行重新评估和筛选，优化屏幕的生产工艺和质量检测标准，在后续产品生产中加以改进，从而不断提升产品质量，提高客户满意度。

6.3.2 产品质量追溯的大数据方案

产品质量追溯对于企业管理产品质量、应对质量事故以及满足监管要求具有重要意义。大数据技术为实现高效的质量追溯提供了有力保障。

企业在生产过程中，为每一个产品或零部件赋予唯一的识别码，如条形码、二维码或射频识别标签（Radio Frequency Identification，RFID）等，并建立与之对应的数据库。在产品的整个生命周期中，从原材料采购、生产加工、包装、运输到销售和售后服务，每一个环节的相关信息都被记录到数据库中。例如：在原材料采购环节，记录原材料的供应商信息、采购批次、检验报告等；在生产加工环节，记录加工设备信息、操作人员信息、加工工艺参数、质量检测结果等；在包装运输环节，记录包装材料信息、运输车辆信息、运输路线和环境信息等；在销售环节，记录销售渠道信息、销售时间和地点等；在售后服务环节，记录客户反馈信息、维修记录等。

当产品出现质量问题时，企业可以通过扫描产品的识别码，快速在数据库中查询到该产品的完整生产和流通过程信息，实现精准的质量追溯。例如，一家食品企业在接到消费者投诉某批次食品存在质量问题后，通过扫描食品包装上的二维码，能够迅速获取该食品的原材料来源、生产加工日期和班次、质量检测报告、销售去向等信息，从而快速定位问题发生的环节，从而确定是原材料污染、生产过程违规操作还是运输存储不当导致的质量问题。企业可以根据追溯结果，及时采取召回、整改等措施，降低质量事故的影响范围和损失，同时也能够对相关责任环节和责任人进行精准问责，加强企业内部的质量管理和风险防控。

此外，大数据技术还可以对质量追溯信息进行统计分析，发现质量问题的多发环节和趋势，为企业的质量改进提供决策依据。例如，通过对一段时间内的质量追溯数据进行分析，企业发现某一供应商提供的原材料在特定季节容易出现质量波动，或者某一生产车间的某台设备在长期运行后导致产品质量不稳定的概率增加。企业可以针对这些分析结果，加强对供应商的监督管理，优化原材料检验流程，或者提前安排设备维护和更新计划，从而从源头上预防质量问题的发生，提高企业的整体质量管控水平。

除了上述应用，大数据在企业生产与管理优化中还呈现出一些新的发展趋势与拓展方向。在生产流程优化方面，随着工业互联网平台的兴起，企业能够将内部生产数据与外部合作伙伴的数据进行更深度的融合与共享。例如，同行业企业之间可以通过工业互联网平台匿名共享生产工艺参数、设备运行最佳实践等数据，实现行业层面的生产流程协同优化。这有助于中小企业借鉴行业领先企业的经验，快速提升自身生产效率，同时也能促使整个行业向更高水平发展。企业还可以利用大数据分析，结合数字孪生技术，构建虚拟工厂模型。通过实时数据驱动虚拟模型的运行，企业能够在虚拟环境中对生产流程进行全方位模拟、优化和验证，提前发现潜在问题并制定解决方案，极大地降低实际生产中的试错成本和风险。

在成本控制与资源配置方面，大数据与人工智能的结合将进一步提升精细化管理水平。人工智能算法可以对海量的成本与资源数据进行深度挖掘和自动学习，发现隐藏在数据背后的复杂关系和优化机会。例如，利用强化学习算法，企业可以让系统在不断模拟决策的过程中学习如何在不同的市场环境和生产条件下实现最优的资源配置和成本控制策略，并且能够根据市场和生产的实时变化动态调整策略。此外，大数据分析还能够拓展到企业的战略资源规划层面。通过对宏观经济数据、行业发展趋势、技术创新动态等外部大数据进行分析，结合企业内部的资源状况，企业可以制订更具前瞻性和适应性的战略资源配置计划，确保企业在长期竞争中保持优势。

对于产品质量提升与质量追溯，大数据在跨企业供应链质量管理中的作用日益凸显。随着全球供应链的日益复杂和分散，确保产品质量需要供应链上所有环节的紧密协作。企业可以利用区块链技术与大数据相结合，构建安全、透明、不可篡改的供应链质量数据共享平台。在这个平台上，原材料供应商、零部件制造商、产品组装商、物流企业等所有供应链成员都能够实时上传和共享质量数据，实现质量信息的全程追溯和协同管理。例如，当最终产品出现质量问题时，企业可以通过区块链平台快速追溯到问题发生的源头。无论是原材料的质量缺陷，还是在运输过程中的不当操作，都能够精准定位并及时采取措施。同时，基于大数据分析的预测性质量模型可以在供应链的各个环节发挥作用。通过对供应链历史质量数据、供应商生产数据、物流环境数据等多源数据的整合分析，预测可能出现的质量问题，并在问题发生前采取预防措施，如调整供应商生产工艺、优化物流配送方案等，从而实现从被动的质量控制向主动的质量预防转变，全面提升供应链整体质量水平和可靠性。

6.4 案例总结与未来展望

在总结前述案例中大数据技术的应用成果时，我们看到了数据分析在精益生产、供应链协同、成本控制以及产品质量管理等方面的巨大潜力。通过对具体实例进行分析，企业能够更加精准地识别生产过程中的浪费环节，优化资源配置，实现成本的有效控制和生产效率的显著提升。同时，大数据分析促进了供应链各环节的紧密协作，提高了整个供应链的响应速度和灵活性，增强了企业的市场竞争力。

然而，在实施大数据技术的过程中，企业也面临着诸多挑战。数据安全和隐私保护是首要考虑的问题。如何在收集和分析大量数据的同时确保信息的安全性和合规性，是企业必须解决的问题。此外，数据质量和分析能力的不足也会影响决策的准确性和有效性。因此，企业在推进数字化转型的过程中，需要不断提升数据处理能力和分析水平，培养专业人才，构建高效的数据分析平台。

未来，随着人工智能、物联网等技术的进一步发展，大数据将在工业领域发挥更加重要的作用。智能制造将成为趋势，通过高度集成的信息系统实现生产过程的自动化和智能化。为此，工业企业应积极拥抱技术创新，不断探索大数据与业务深度融合的新路径，以数据驱动的方式推动企业转型升级。同时，政府和行业组织也应加强合作，建立完善的数据标准体系和共享机制，共同促进工业大数据生态的健康可持续发展。

第 7 章

大数据与工业产业结构调整及创新发展

在当今这个信息爆炸的时代，大数据已经成为工业产业结构调整与创新发展的关键驱动力。通过深入分析产业关联度和竞争力评估，我们能够更清晰地认识到各产业之间的相互影响和作用力，为产业结构的优化升级提供科学依据。例如，在制造业中，大数据技术的应用不仅提高了生产效率，还促进了供应链管理的精细化，使得资源配置更加合理高效。

创新是推动发展的第一动力。在创新驱动发展战略下，大数据监测成为衡量研发投入产出比、分析专利趋势的重要工具。通过对大量数据的挖掘和分析，企业能够及时发现研发过程中的潜在问题，调整策略，提高研发效率。同时，对专利趋势的分析有助于企业把握行业发展趋势，避免盲目投资，实现精准创新。

新兴产业的培育与传统产业的升级是工业发展的两大重点。在这一过程中，大数据策略发挥着至关重要的作用。对于新兴产业而言，大数据分析可以帮助企业识别市场机会，预测行业趋势，为企业提供决策支持。而对于传统产业来说，利用大数据进行数字化转型，不仅可以提升产品质量和服务水平，还能开拓新的业务模式和市场空间。

大数据在工业产业结构调整及创新发展中扮演着越来越重要的角色。它不仅能够为我们提供宏观层面的洞察，还能深入到微观层面，帮助企业作出更明智的决策。随着技术的不断进步和应用案例的不断积累，大数据将在未来的工业发展中发挥更加重要的作用。

7.1　产业结构分析的大数据视角

7.1.1　产业关联度分析

在大数据时代，对工业产业关联度的分析能够深入揭示各产业部门之间错综复杂的经济联系，为产业结构调整提供精准依据。传统的产业关联分析方法，如投入产出分析，在数据获取的全面性和及时性上存在一定的局限。而大数据技术则能够整合来自多个数据源的海量信息，包括企业生产数据、市场交易数据、物流运输数据以及政府统计数据等。

例如，对制造业企业的原材料采购数据和产品销售数据进行挖掘，可以清晰地识别出不同产业之间的上下游供应关系。一家汽车制造企业的零部件采购记录能够反映出其与钢铁、橡胶、电子元件等多个产业的紧密联系，同时，其成品汽车的销售流向又能展现其与汽车销售、售后服务、交通运输等产业的关联程度。利用大数据分析工具，不仅可以确定这些产业关联的存在，还能精确量化其关联强度。例如，通过计算某一产业部门对其他部门产品的消耗系数或分配系数，能够直观地了解各产业在产业链中的地位和作用。这种基于大数据的产业关联度分析有助于发现产业结构中的关键环节和薄弱环节。那些关联度高且处于核心地位的产业，应给予重点扶持，以带动整个产业链的协同发展；而关联度较低或存在不合理依赖关系的产业，则需要通过政策引导或市场机制进行调整和优化，以促进产业结构的合理化和均衡化。

此外，大数据还能分析产业关联的动态变化趋势。随着技术创新和市场需求的演变，产业之间的关联关系并非一成不变。例如，新能源技术的突破可能会改变传统汽车产业与能源产业的关联模式，使汽车产业与锂电池、充电桩等新兴产业建立起更为紧密的联系。通过对历史数据的长期跟踪和实时数据的动态监测，企业能够及时捕捉到这些产业关联的变化信号，提前为产业结构调整做好规划和准备，避免因产业结构僵化而导致的经济发展滞后。

7.1.2 产业竞争力评估

大数据为工业产业竞争力评估提供了更为全面、客观和动态的视角。传统的产业竞争力评估往往依赖于有限的统计指标和调查数据，难以全面反映产业的真实竞争力。大数据技术则能够从多个维度收集和分析与产业竞争力相关的数据。

从生产要素角度来看，大数据可以对人力资源、资本、技术等生产要素的数量、质量和配置效率进行深入分析。例如，通过对工业企业员工的学历、技能培训记录、工作绩效数据以及人才流动数据进行整合，可以评估某一产业的人力资源素质和创新能力。同时，对企业的财务数据、融资渠道数据以及投资项目数据进行挖掘，能够揭示产业的资本实力和投资活力。在技术要素方面，通过对专利申请数量、专利技术的引用情况、科研成果转化率以及技术创新投入产出比等数据进行分析，可以准确判断产业的技术创新水平和技术应用能力。

在市场需求方面，大数据分析能够实时监测市场规模、市场份额、消费者偏好、品牌知名度等指标的变化。例如，利用电商平台的销售数据、社交媒体的用户评价数据以及市场调研机构的报告数据，可以全面了解某一产业的产品在市场上的受欢迎程度、市场定位的准确性以及品牌建设的成效。通过对不同地区、不同消费群体的市场需求进行细分，还能够为产业的市场拓展和差异化竞争提供策略依据。

从产业环境角度来看，大数据可以对政策环境、基础设施、产业集群效应等因素进行评估。例如：对政府出台的产业政策文件、税收优惠政策、财政补贴政策等数据进行梳理和分析，可以判断政策对某一产业的支持力度和导向作用；对交通、通信、能源等基础设施数据进行收集和分析，能够评估产业发展的外部硬件条件。此外，对产业园区内企业的地理分布数据、企业间的合作交流数据以及产业链的集聚程度数据进行分析，可以衡量产业集群的发展水平和协同效应。产业集群内企业之间的知识共享、技术合作和资源互补能够显著提升产业的整体竞争力。

基于大数据的产业竞争力评估模型能够综合考虑上述多个维度的因素，通过数据建模和算法分析，得出更为科学合理的产业竞争力评估结果。这种动态评估结果能够及时反映产业竞争力的变化情况，为企业制定战略决策、政府制定产业政策提供有力支持，促进工业产业在全球竞争中不断提升自身实力。

7.2 创新驱动发展的大数据监测

7.2.1 研发投入产出分析

在创新驱动发展战略下，研发投入产出分析对于衡量工业企业和产业的创新绩效具有关键意义，大数据技术为这一分析提供了强大的数据支持和分析手段。

传统的研发投入产出分析主要关注研发经费投入和专利申请数量等少数指标,难以全面反映研发活动的实际效果和创新价值。在大数据环境下,可以收集和整合更为广泛的研发相关数据,包括研发人员的详细信息(如专业背景、工作经验、研发成果历史等)、研发项目的全过程数据(如项目立项报告、项目进度记录、项目成果验收报告等)、研发合作数据(如与高校、科研机构的合作协议、合作项目进展情况、合作成果共享情况等),以及研发成果的市场转化数据(如新产品的销售收入、市场占有率、利润贡献等)。

通过对研发人员的数据进行分析,可以评估研发团队的创新能力和潜力。例如,具有跨学科背景和丰富行业经验的研发人员往往能够带来更多的创新思路和方法,其参与的研发项目可能具有更高的成功率和创新价值。对研发项目全过程数据进行挖掘能够发现研发过程中的瓶颈环节和成功经验。例如,分析项目进度延迟的原因可能涉及技术难题、资源配置不足或管理协调不畅等问题,对这些问题进行总结和改进,可以提高未来研发项目的效率和成功率。

在研发合作数据方面,大数据分析可以揭示不同主体之间的合作模式和协同效应。例如,企业与高校、科研机构之间的产学研合作是提升创新能力的重要途径。通过分析合作项目的数据,可以了解各方在合作中的资源投入、技术贡献、知识产权分配以及合作成果的产业化情况。对于那些合作效果显著的模式,可以进一步推广和深化;而对于存在问题的合作关系,则可以进行调整和优化。

研发成果的市场转化率是衡量研发投入产出效益的核心指标之一。对新产品销售收入、市场占有率等数据进行分析,可以直接评估研发成果在市场上的接受程度和经济价值。例如,如果一款具有创新性的工业产品能够迅速占领市场并获得较高的利润回报,说明该研发项目具有较高的投入产出比和市场竞争力。同时,结合市场反馈数据(如消费者评价、客户投诉等),还可以进一步对研发成果进行改进和完善,提高产品的市场适应性和用户满意度。

基于大数据的研发投入产出分析模型能够综合考虑上述多方面因素,采用多元回归分析、数据包络分析等方法,对研发投入与产出之间的关系进行更为精确的量化分析。这种分析结果不仅能够为企业优化研发资源配置、提高研发效率提供决策依据,还能够为政府制定创新政策、引导产业创新发展提供数据支持,促进工业产业在创新驱动下实现可持续发展。

7.2.2 专利趋势分析

专利作为工业企业创新成果的重要体现,其发展趋势反映了产业技术创新的方向和速度。大数据技术在专利趋势分析中发挥着日益重要的作用。

大数据能够实现专利数据的全面收集和快速更新。传统的专利分析往往局限于特定数据库或地区的专利信息,难以获取全球范围内的专利动态。而大数据技术可以整合多个专利数据库、知识产权机构网站以及学术文献数据库中的专利信息,实现专利数据的全覆盖。例如,可以通过网络爬虫技术定期从世界知识产权组织(World Intellectual Property Organization,WIPO)、各国专利局网站以及专业专利数据库(如德温特世界专利索引)等数据源抓取专利数据,确保数据的及时性和完整性。

在专利数据处理方面,大数据分析工具能够对海量专利文本进行高效挖掘和分析。利用自然语言处理技术,可以对专利的标题、摘要、权利要求书等文本内容进行关键词提取、语义分析和主题分类。例如,通过对专利文本的关键词进行分析,可以快速确定某一技术领域的热点技术词汇,从而了解该领域的研究重点和发展趋势。语义分析则能够深入理解专利的技术内涵和创新点,识别出具有相似技术方案或创新思路的专利群组。主题分类可以将专利按照不同的技术领域、产业类别进行归类整理,便于进行宏观层面的产业技术结构分析。

基于大数据的专利趋势分析可以从多个维度展开。从时间维度来看,可以分析专利申请数量、授权数量在不同时间段的变化趋势,以判断某一技术领域或产业的创新活跃度是处于上升期、稳定期还是衰退期。例如,通过对新能源汽车领域专利数据的时间序列进行分析,发现近年来随着全球对环境保护和能源转型的关注,新能源汽车相关的专利申请数量呈现爆发式增长,表明该领域正处于快速创新发展阶段。

从技术维度来看,可以分析专利技术的演进路径和创新分支。通过对专利引用关系进行分析,构建专利引用网络,能够清晰地展示技术的传承和发展脉络。例如,在半导体技术领域,从早期的晶体管技术到如今的集成电路、芯片制造技术，专利引用网络能够揭示不同技术阶段之间的关联和创新突破点。同时，通过对专利技术进行聚类分析，可以识别出同一技术领域内的不同创新方向和技术路线，为企业制定技术研发战略提供参考。

从竞争维度来看，专利趋势分析可以评估企业、地区或国家在某一技术领域的专利布局和竞争态势。通过比较不同主体的专利数量、专利质量（如专利的引用次数、专利的法律状态等）以及专利的国际分布情况，可以判断其在全球技术竞争中的地位和优势。例如，分析发现某些跨国企业在人工智能领域拥有大量高质量的核心专利，并在全球主要市场进行了广泛的专利布局，这表明这些企业在人工智能技术竞争中处于领先地位。其他企业或地区若要进入该领域，需要制定相应的竞争策略，如加强自主创新、开展专利合作或进行专利规避设计等。

综上所述，大数据技术为专利趋势分析提供了全面、深入和动态的分析视角，能够帮助工业企业、产业研究机构和政府部门及时把握技术创新趋势，制定科学合理的创新战略和政策，推动工业产业在全球技术竞争中不断发展进步。

7.3 新兴产业培育与传统产业升级的大数据策略

7.3.1 新兴产业培育的大数据策略

新兴产业作为工业经济新的增长点和未来发展的引领力量，其培育过程需要充分借助大数据技术的优势，制定科学合理的发展策略。

在新兴产业的市场机会识别方面，大数据分析能够整合宏观经济数据、社会发展趋势数据、科技前沿动态数据以及消费者需求数据等多元信息。例如，通过对人口老龄化趋势数据、医疗保健消费数据以及生物技术研发进展数据进行综合分析，可以发现老年健康护理产业具有巨大的市场潜力。随着老年人口的增加，对老年疾病预防、康复治疗、智能健康监测设备等产品和服务的需求将持续增长。利用大数据挖掘技术，可以进一步细分老年健康护理市场，确定不同老年群体（如高龄老人、慢性病老人、独居老人等）的个性化需求，为新兴企业进入该市场提供精准的市场定位和产品研发方向。

在新兴产业的技术创新支撑方面，大数据可以促进产学研之间的协同创新。通过构建大数据共享平台，企业、高校和科研机构能够实现技术研发数据、实验设备数据、人才资源数据等的共享与交流。例如，在量子通信新兴产业培育过程中，高校和科研机构在量子理论研究和实验技术方面具有优势，企业则在市场需求把握和产业化应用方面具有经验。通过大数据平台，高校和科研机构可以将量子通信的基础研究成果、实验数据等与企业共享，企业则可以提供市场需求信息和产业化资金，共同推动量子通信技术的创新和产业化进程。同时，大数据分析还可以对全球范围内的量子通信专利技术、科研项目进展等进行跟踪监测，及时掌握最新技术动态，避免重复研发，提高创新效率。

在新兴产业的政策扶持与引导方面，大数据能够为政府制定精准有效的产业政策提供依据。政府可以通过对新兴产业的相关数据进行分析，了解产业发展的现状、面临的问题和需求，制定有针对性的财政补贴政策、税收优惠政策、金融支持政策等。例如，对于新能源、新材料等新兴产业，政府可以根据企业的研发投入情况、技术创新成果以及市场推广进度等数据，给予企业相应的财政补贴和税收减免，鼓励企业加大创新投入和市场开拓力度。同时，利用大数据分析还可以对政策实施效果进行实时监测和评估，及时调整政策方向和力度，确保政策的有效性和适应性。

在新兴产业的人才培养与引进方面，大数据可以为构建适应新兴产业发展需求的人才体系提供支持。对新兴产业的人才需求数据、人才供给数据以及人才流动数据进行分析，可以确定不同新兴产业所需的人才类型、数量和技能要求。例如，人工智能新兴产业需要大量具备计算机科学、数学、统计学等多学科知识背景的复合型人才。根据这些需求信息，教育机构可以调整学科设置和课程内容，培养符合市场需求的专业人才。同时，利用大数据平台可以广泛收集全球范围内的人工智能人才信息，为企业引进高端人才提供精准匹配和推荐服务，促进新兴产业人才队伍的快速壮大。

7.3.2 传统产业升级的大数据策略

传统产业在工业经济中占据重要地位,但面临着技术落后、效率低下、竞争力减弱等问题。大数据技术为传统产业升级提供了新的机遇和途径。

在生产智能化升级方面,传统产业可以利用大数据技术实现生产过程的数字化改造和智能化控制,通过在生产设备上安装传感器,收集设备运行数据、产品质量数据、生产环境数据等海量信息,并利用大数据分析算法对这些数据进行实时处理和分析。例如,在传统机械制造行业,通过对机床设备的运行参数(如转速、温度、压力等)进行实时监测和分析,可以实现设备的故障预测和预防性维护,减少设备停机时间,提高生产效率。同时,根据产品质量数据的分析结果,可以及时调整生产工艺参数,优化生产流程,提高产品质量的稳定性。此外,利用大数据还可以实现生产计划的智能排程,根据订单需求、设备产能、原材料库存等信息,制定最优的生产计划,提高资源配置效率。

在产品创新与个性化定制方面,大数据分析能够深入挖掘消费者的需求信息,为传统产业的产品创新提供方向。传统产业可以通过收集电商平台销售数据、社交媒体用户评价数据、市场调研数据等途径,了解消费者对产品功能、外观、品质、价格等方面的偏好和需求。例如,在传统服装产业,通过对消费者购买行为数据和穿着体验反馈数据进行分析,发现消费者对环保面料、智能穿戴功能以及个性化设计的服装产品的需求日益增长。企业可以根据这些需求信息,加大在环保面料研发、智能服装技术应用以及个性化定制生产模式方面的投入,推出符合市场需求的创新产品,提升产品附加值和市场竞争力。

在供应链协同优化方面,大数据能够整合传统产业供应链上各环节的数据,实现供应链的可视化管理和协同运作。传统产业可以通过建立大数据供应链管理平台,将供应商、制造商、分销商、零售商等供应链各节点企业的数据进行集成和共享。例如,在传统食品加工产业,通过共享原材料供应商的库存数据、生产企业的生产计划数据、物流企业的运输配送数据以及零售商的销售数据等,可以实现供应链需求的精准预测和供应链的快速响应。当市场需求发生变化时,企业能够迅速调整原材料采购计划、

智驱变革：
>> 大数据赋能工业经济统计与产业升级

生产计划和物流配送方案，降低库存积压和缺货风险，降低供应链成本，提高供应链整体效率和灵活性。

在市场营销与品牌建设方面，大数据为传统产业提供了精准营销和品牌传播的新手段。传统产业可以利用大数据分析消费者的地域分布、年龄层次、消费习惯、兴趣爱好等特征信息，制定精准的市场营销策略。例如，在传统家电产业，通过对消费者购买家电产品的时间、地点、品牌偏好以及购买关联产品的行为等数据进行分析，企业可以针对不同地区、不同消费群体开展个性化的促销活动，如在夏季高温地区针对空调产品推出节能补贴活动，针对年轻消费群体开展智能家电体验营销活动等。同时，利用社交媒体大数据分析，企业可以实时监测品牌口碑和市场舆情，及时回应消费者关切，维护品牌形象，提升品牌知名度和美誉度。

综上所述，大数据在工业产业结构调整及创新发展中具有不可替代的重要作用。无论是新兴产业的培育还是传统产业的升级，都需要充分利用大数据技术的优势，制定科学合理的发展策略，以适应全球工业经济快速发展和激烈竞争的新形势，推动工业产业向更高质量、更具创新活力的方向发展。

从产业结构的深度剖析到创新活动的精准监测，再到新兴产业的培育和传统产业升级的路径规划，大数据为工业产业结构调整与升级提供了全方位的支持。为了有效实施这一战略，需要构建完善的数据治理体系，确保数据的安全、隐私保护和质量。同时，加强人才培养和技术研发，提升社会各界对大数据的认知和应用能力。通过将政府引导与市场机制相结合，形成良好的数据生态，让大数据真正成为推动我国工业经济高质量发展的强大引擎。

第 8 章

大数据在工业经济区域协同与全球化中的角色

在探讨区域工业经济协同发展的过程中，大数据的应用起到了至关重要的作用。通过精确的数据统计与深入分析，我们能够有效评估不同区域间产业的互补性及要素流动的效率，为政策的制定提供科学、合理的依据。这种基于数据驱动的政策制定模式，不仅增强了区域间的经济合作，还优化了资源配置，促进了整体经济的高效运行。

具体来说，大数据分析技术能够帮助政策制定者深入了解各区域的产业特点和优势，通过对比分析，发现潜在的合作机会和产业链上的薄弱环节。例如，利用大数据分析区域内外的市场需求和供给情况，可以精准定位那些具有高增长潜力的产业领域，从而引导资本和资源向这些领域集中，推动区域经济结构转型升级。同时，通过对要素流动效率进行分析，可以识别出阻碍要素自由流动的瓶颈问题，进而采取有针对性的措施加以解决，比如优化交通物流网络、简化行政审批流程等，以促进要素流动的自由化和便利化。

此外，大数据分析还能为区域间协同政策的制定提供实时反馈和动态调整的依据。通过对政策实施效果的持续监测与评估，可以及时发现政策执行中的问题和不足，以便及时调整和优化政策措施，确保政策目标的有效实现。这种基于数据的决策机制，不仅提高了政策制定的科学性和准确性，也增强了政策执行的灵活性和适应性。

8.1 区域工业经济协同发展的大数据统计与分析

8.1.1 区域产业互补性分析

在区域工业经济协同发展的进程中，精准剖析区域间产业的互补性是构建有效协同机制的关键前提。大数据技术凭借其强大的数据收集与处理能力，为此提供了前所未有的深度洞察视角。

传统的区域产业互补性研究往往依赖于有限的统计数据和局部的产业调研，难以全面且细致地揭示产业间复杂的关联与互补关系。而大数据能够整合来自不同区域的海量产业信息，涵盖企业生产数据、产品销售数据、行业报告数据以及政府部门的经济统计数据等。例如，通过对不同地区制造业企业的产品结构数据进行挖掘，可以清晰地识别出各区域在特定工业产品生产上的优势与不足。一个地区可能在高端装备制造领域拥有先进的技术和完善的产业链，具备生产高精度数控机床、航空航天设备零部件等产品的能力；而另一个地区则在基础零部件加工方面具有成本优势，擅长生产标准化的机械零件、电子元器件等产品。大数据分析不仅能确定这种产业优势的存在，还能通过量化的方式评估其互补程度。例如，计算不同区域产业之间的供需匹配度、技术协同度等指标，从而为区域间的产业合作与转移提供精准的方向指引。

此外，大数据还可用于分析区域产业互补性的动态变化。随着技术创新的加速推进和市场需求的持续演变，区域产业结构处于不断调整之中。借助大数据对历史数据的长期追踪和对实时数据的动态监测，企业能够及时察觉产业互补性的变化趋势。例如，某一地区原本在传统纺织业具有较强的竞争力，但随着环保要求的提高和消费者对功能性纺织品需求的增加，其与在新型纺织材料研发和绿色印染技术方面具有优势的地区之间的互补性增强。基于这样的分析结果，相关区域可以提前规划产业协同发展战略，适时调整产业政策，促进区域间产业的优化组合与协同升级，避免因产业结构的固化或错配而导致的区域经济发展失衡。

8.1.2 要素流动分析

区域工业经济协同发展离不开生产要素在区域间的合理流动与优化配置。大数据在要素流动分析中发挥着至关重要的作用。

在人力资源要素流动方面，大数据可以整合各地的人才市场数据、企业招聘信息、教育培训机构数据以及劳动力人口的就业经历和技能水平数据等。对这些数据进行深入分析，能够清晰地描绘出不同区域的人才供求状况、人才结构特点以及人才流动的趋势和偏好。例如，通过分析发现某一线城市在高端科技人才方面存在较大需求，但本地人才供给相对不足，而一些教育资源丰富的二线城市则有大量相关专业的高校毕业生面临就业竞争压力。同时，通过对人才流动轨迹和职业发展路径进行大数据挖掘，还可以了解人才在区域间流动的主要驱动因素，如薪酬待遇、职业发展机会、生活环境等。基于这些分析结果，区域间可以制定有针对性的人才政策，搭建人才交流合作平台，促进人才的合理流动与共享。例如：一线城市可以与二线城市建立人才合作培养机制，定向选拔和培养急需的专业人才，并通过提供优惠的落户政策、住房补贴等吸引人才流入；二线城市则可以借助一线城市的产业资源和创新平台，为本地人才提供更多的实习和就业机会，实现人才在区域间的良性循环。

在资本要素流动方面，大数据能够对区域间的企业投融资数据、金融机构信贷数据、资本市场交易数据以及政府产业投资基金数据等进行全面收集与分析。通过构建资本流动网络模型，可以直观地展示资本在不同区域、不同产业之间的流动路径和集聚程度。例如：通过分析发现某一沿海发达地区由于金融市场发达、投资环境优越，成为资本流入的热点区域，大量国内外资本汇聚于此，投资于高新技术产业、现代服务业等领域；而一些中西部地区虽然拥有丰富的自然资源和潜在的市场需求，但由于金融基础设施薄弱、投资风险相对较高，资本流入相对较少。基于这样的分析，政府可以通过制定区域差异化的金融政策，如在中西部地区设立专项产业扶持基金、提供税收优惠和财政贴息等，引导资本向这些地区流动，促进区域间资本要素的均衡配置。同时，企业也可以利用大数据分析结果，合理规划投融资策略，寻找跨区域的投资合作机会，优化资本布局，提高资本运营效率。

在技术要素流动方面，大数据可以追踪专利技术的区域分布、技术转移交易数据、企业间的技术合作协议数据以及科研机构的成果转化数据等。通过对这些数据进行分析，企业能够深入了解不同区域的技术创新能力、技术储备情况以及技术扩散的方向和速度。例如：某一地区在某一特定技术领域拥有众多高校和科研机构，科研成果丰硕，但技术成果转化能力较弱；而另一个地区则具有发达的制造业基础和较强的市场开拓能力，但技术创新相对不足。大数据分析可以发现这种技术供需的不平衡，从而为区域间的技术转移与合作提供对接平台。例如，通过建立技术交易大数据平台，促进技术成果供需双方直接沟通与合作，推动技术要素从创新源头向应用终端的高效流动，加速区域间技术创新的协同发展，提升整个区域的工业技术水平和竞争力。

第 8 章
大数据在工业经济区域协同与全球化中的角色

8.2 工业企业全球化布局的大数据决策支持

8.2.1 市场潜力评估

在工业企业实施全球化布局战略时，准确评估目标市场的潜力是决策的核心要素之一。大数据为这一评估提供了丰富且精准的信息来源与分析手段。

传统的市场潜力评估方法主要基于有限的宏观经济指标、市场调研样本数据以及行业经验判断，存在一定的局限性和不确定性。大数据技术则能够整合来自全球范围内的多源市场数据，包括互联网用户行为数据、电商平台销售数据、社交媒体舆情数据、当地政府经济统计数据以及行业协会的市场研究报告数据等。例如，通过对目标国家或地区的互联网搜索热度数据和社交媒体话题讨论数据进行分析，可以了解当地消费者对特定工业产品或服务的关注度和兴趣点。如果某一地区关于新能源汽车的搜索量和讨论热度持续上升，且相关话题多围绕产品性能、充电设施建设以及政策补贴等方面，这可能预示着该地区的新能源汽车市场具有较大的潜在需求。

同时，电商平台销售数据能够提供关于产品在目标市场的实际销售情况和市场份额分布的详细信息。企业可以分析不同品牌、不同型号产品的销售数量、销售价格、销售增长率以及客户评价等数据，了解自身产品在目标市场的竞争力和市场定位。例如，一家工业机械制造企业通过分析某国外电商平台上同类产品的销售数据，发现本企业的产品在价格上具有一定优势，但在售后服务响应速度和产品定制化方面落后于竞争对手。基于这样的分析结果，企业可以有针对性地调整全球化战略，如加大在目标市场的售后服务投入，建立本地化的售后服务团队，或者根据当地客户的需求特点，推出定制化的产品解决方案，以提升产品的市场潜力。

此外，大数据还可用于分析目标市场的宏观经济环境和政策导向对市场潜力的影响。例如，通过对目标国家的 GDP 增长率、通货膨胀率、汇率波动情况以及政府产业政策、贸易政策等数据进行整合与分析，企业可以预测市场需求的长期趋势和短期波动，评估政策风险和市场机遇。如果一个国家正处于经济快速增长期，且政府大力扶持某一特定工业领域的发展，出台了一系列税收优惠、财政补贴和市场准入便利化政策，这将显著提升该领域相关工业产品在该国市场的潜在需求和发展空间。企业可以据此提前布局，加大在该国市场的投资和市场拓展力度，抢占市场先机。

8.2.2 风险预警

工业企业在全球化进程中面临着诸多风险，如政治风险、经济风险、文化风险以及法律风险等。大数据技术能够构建全面的风险预警体系，帮助企业提前识别风险并制定应对策略。

在政治风险预警方面，大数据可以实时监测目标国家或地区的政治局势变化、政府稳定性、国际关系紧张程度以及政策法规变动情况等信息。通过对新闻媒体报道数据、政府官方公告数据、国际政治研究机构报告数据以及社交媒体舆论数据进行综合分析，能够及时发现可能影响企业全球化布局的政治风险因素。例如，如果某一国家即将举行大选，且不同政治派别在贸易政策、外资政策等方面存在较大分歧，企业就可以通过大数据分析提前预测政策变动的可能性及其对自身业务的潜在影响。又如，当国际政治关系紧张导致贸易摩擦加剧时，大数据系统可以迅速捕捉到相关信息，企业则可根据预警及时调整供应链布局，减少对相关国家原材料或零部件的依赖，或者寻找替代市场，降低政治风险带来的损失。

在经济风险预警方面，大数据能够整合全球金融市场数据、宏观经济指标数据以及行业经济数据等，对目标市场的经济波动风险进行预测。例如，通过对目标国家的利率水平、汇率走势、股票市场指数、通货膨胀率以及工业生产指数等数据进行实时监测和分析，企业可以预测该国经济的繁荣与衰退周期，提前防范经济危机带来的风险。当大数据分析显示某一国家的货币汇率存在大幅贬值风险时，出口型工业企业可以提前采取套期保值措施，锁定汇率风险。而在该国设有生产基地的企业，则需评估汇率贬值对生产成本、产品价格竞争力以及利润空间的影响，制定相应的应对策略，如调整产品定价策略、优化成本结构或寻求当地的货币融资渠道等。

在文化风险预警方面,大数据可以对目标市场的文化习俗、宗教信仰、消费观念以及社会价值观等数据进行收集与分析。通过对社交媒体数据、文化研究报告数据以及市场调研数据进行挖掘,企业可以深入了解目标市场的文化特点和文化差异,避免因文化冲突而导致的市场进入障碍或品牌形象受损。例如,一家食品企业在进入某一宗教信仰浓厚的国家市场时,通过大数据分析了解到当地的饮食禁忌和宗教节日习俗,从而在产品研发、包装设计和营销推广策略上做出相应调整,避免因文化误解而引发市场风险。

在法律风险预警方面,大数据能够实时跟踪目标国家或地区的法律法规变化,包括贸易法规、知识产权法规、劳动法规以及环保法规等。通过对法律数据库数据、政府立法机构公告数据以及法律专业机构解读数据进行分析,企业可以确保自身的全球化经营活动符合当地的法律要求,及时调整企业内部管理制度和业务流程,防范法律风险。例如,当某一国家加强了对知识产权保护的执法力度时,企业可以利用大数据分析结果,加强自身知识产权管理,积极申请专利保护,同时防范侵权行为,避免因知识产权纠纷而遭受法律诉讼和经济损失。

8.3 国际工业经济数据比较与借鉴

在经济全球化的背景下,国际工业经济数据的比较与分析对于各国工业经济的发展具有重要的参考价值和借鉴意义。大数据技术为这一过程提供了高效的数据获取与分析工具。

大数据能够突破传统数据收集的地域和时间限制,广泛收集世界各国的工业经济数据,包括工业总产值、工业增加值、工业企业数量、产业结构比例、劳动生产率、能源消耗强度、技术创新指标以及国际贸易数据等。通过对这些数据进行横向比较,可以清晰地了解不同国家工业经济发展的水平差异、优势领域和发展趋势。例如,对比美国、德国、日本等工业发达国家与新兴经济体如中国、印度、巴西等国家的工业数据，可以发现工业发达国家在高端制造业、先进技术研发、品牌建设以及全球市场拓展等方面具有明显优势，而新兴经济体则在劳动力成本、市场规模、资源开发利用以及部分新兴技术应用领域展现出较大潜力。

在产业结构比较方面，大数据分析可以深入到细分产业和行业层面。例如：比较不同国家在汽车制造、电子信息、生物医药、航空航天等产业的规模、技术水平、产业链完整性以及市场竞争力等指标。通过这种比较，可以发现各国产业结构的特色与差异，为产业政策制定和产业升级提供借鉴。例如：德国在汽车制造和机械装备制造领域凭借其精湛的技术工艺、强大的研发能力和完善的产业链，在全球市场占据领先地位；韩国在电子信息产业，通过持续的技术创新和品牌塑造，形成了以半导体、智能手机、显示面板等为核心的具有全球竞争力的产业集群。其他国家可以借鉴德国和韩国在相关产业发展中的成功经验，如加大研发投入、培育本土品牌、加强产业上下游协同等，推动本国产业结构优化升级。

在技术创新指标比较方面，利用大数据可以对各国的研发投入强度、专利申请数量与质量、科研成果转化率以及高新技术产业占比等数据进行分析。例如，美国在研发投入方面一直处于全球领先地位，其在信息技术、生物技术、航空航天技术等领域的大量研发投入推动了众多前沿技术的创新与突破，其专利申请数量和质量也名列前茅。通过与美国等技术创新强国的比较，其他国家可以认识到自身在技术创新体系建设、研发资源配置以及创新环境营造等方面的不足，从而制定相应的政策措施，加大研发支持力度，加强人才培养与引进，完善知识产权保护制度，提高本国的技术创新能力。

在国际贸易数据比较方面，大数据能够分析不同国家工业产品的进出口规模、贸易结构、主要贸易伙伴以及贸易竞争力指数等。例如，通过比较中国与美国在机电产品、高新技术产品等领域的贸易数据，可以发现两国在全球产业链中的分工与合作关系，以及在贸易摩擦背景下各自面临的机遇与挑战。中国在机电产品出口方面具有规模优势，但在高端芯片、航空发动机等关键核心技术产品方面仍依赖进口，美国则在高新技术产品出口和技术贸易壁垒设置方面具有较强的话语权。通过这种比较分析，各国可以调整对外贸易政策，优化贸易结构，加强在全球贸易规则制定中的合作与博弈，提升本国工业产品在国际市场的竞争力。

8.4 大数据驱动的区域工业协同发展案例研究

随着大数据技术的不断成熟，其在推动区域工业协同发展方面的应用也日益广泛。以下是几个成功的案例，它们展示了大数据如何在实践中促进工业经济的协同发展。

德国的"工业4.0"战略是大数据驱动区域工业协同发展的典范之一。通过高度集成的信息物理系统（Cyber-Physical Systems，CPS），德国制造业在全球范围内实现了智能化生产和服务。在这个框架下，大数据分析帮助企业优化生产流程、预测设备维护需求以及设计定制化产品，从而提升了整体效率和竞争力。同时，这种模式还促进了德国与其他欧洲国家之间的技术交流与合作，加强了区域内产业链的紧密联系。

中国长三角地区的智慧城市群建设也是大数据促进区域工业协同发展的一个生动例证。通过构建统一的大数据平台，该地区实现了跨城市的数据共享和业务协同，有效解决了传统模式下的信息孤岛问题。例如，在环境保护领域，利用大数据进行污染源追踪和环境质量监测，不仅提高了监管效率，也促进了区域内环保技术的交流和应用。此外，该平台还支持企业间的供应链管理和创新合作，加速了新兴产业的发展。

美国硅谷作为全球科技创新中心，其成功很大程度上归功于开放的数据环境和强大的数据分析能力。在这里，初创企业和大型科技公司都能够轻松获取到丰富的市场和技术数据，这些数据成为他们进行产品开发、市场定位和商业决策的重要依据。更重要的是，硅谷形成了一种基于数据共享的文化氛围，鼓励不同背景的人才和企业之间开展合作，共同推动科技前沿探索。这种高度协作的精神极大地促进了区域内创新能力的提升和经济结构的优化。

8.5 大数据在工业经济区域协同与全球化中所面临的挑战与解决策略

大数据驱动下的区域工业协同发展虽然前景广阔，但在实施过程中也面临着不少挑战。数据质量和数据整合是首要难题。不同区域、行业的数据采集标准和处理方式差异较大，导致数据难以有效融合，影响分析结果的准确性。解决这一问题需要构建统一的数据标准和交换平台，加强数据治理，提升数据质量和兼容性。此外，技术壁垒也是一个不容忽视的挑战。大数据处理与分析技术复杂，对专业人才的需求量大，但目前许多地区和企业在这方面的投入不足，人才短缺现象普遍。为此，加大技术研发投入，培养和引进高端数据分析人才，成为推动大数据应用的关键。

另一个挑战在于数据安全和隐私保护。在区域工业协同中，大量敏感信息将被收集和共享，如何确保这些信息安全，防止数据泄露和滥用，是必须面对的问题。建立健全数据安全管理体系，采用先进的加密技术和匿名化处理手段，同时加强数据使用的法律法规建设，是保障数据安全的基石。此外，跨区域协作机制不健全也是阻碍因素之一。不同地区间政策环境、利益诉求存在差异，缺乏有效的沟通协调机制会导致资源错配和效率低下。因此，建立跨区域的协调机构，明确各方的责任和权利，促进信息交流与资源共享，对于深化区域协同发展至关重要。

此外，大数据还可用于分析国际工业经济发展的趋势性数据，如全球工业数字化转型进程、绿色制造发展趋势、智能制造技术应用推广情况等。通过对这些趋势性数据进行跟踪与比较，各国工业企业和政府部门可以提前布局，顺应全球工业经济发展的潮流，制定前瞻性的发展战略和政策措施，避免在新一轮工业革命中被边缘化。例如，随着全球对环境保护和可持续发展的关注度不断提高，绿色制造已成为国际工业经济发展的重要趋势。各国可以通过大数据分析比较不同国家在绿色制造政策体系、技术创新、标准制定以及市场应用等方面的情况，学习借鉴先进国家的经验，推动本国工业企业加快绿色技术改造，发展循环经济，提高资源利用效率，实现工业经济的绿色可持续发展。

在深入分析大数据在区域工业经济协同发展中的应用后，本章的核心观点指出大数据作为一种强大的工具，在促进区域间产业互补、提升要素流动效率、辅助政策制定等方面发挥着不可或缺的作用。大数据不仅能够为工业企业全球化布局提供精准的市场潜力评估和风险预警，还能通过国际数据对比分析，为本国工业经济发展提供宝贵的借鉴经验。更重要的是，通过对一系列成功案例进行分析，我们见证了大数据在实际推动区域工业协同发展方面展现出的独特价值和潜力。

展望未来，随着大数据技术的不断进步和应用场景的持续拓展，其在区域工业协同发展中的作用将更加显著。一方面，随着数据采集、处理和分析技术的日益成熟，大数据分析将更加精准和高效，能够为区域间产业合作提供更为科学的决策支持。另一方面，随着工业互联网、物联网等新技术的广泛应用，数据的获取和共享将更加便捷，这将为区域工业协同发展注入新的活力。

同时，我们也应该看到，大数据驱动的区域工业协同发展仍面临诸多挑战，如数据安全、隐私保护、技术壁垒等问题。因此，我们需要在继续深化大数据应用的同时，加强相关法律法规的建设，完善数据治理体系，确保大数据在推动区域工业协同发展中的健康、有序发展。

总之，大数据在未来区域工业协同发展中将扮演越来越重要的角色。我们应该充分发挥大数据的优势，积极推动其在区域工业经济中的应用，以实现区域间的互利共赢和共同发展。综上所述，大数据在工业经济区域协同与全球化进程中扮演着不可或缺的角色。无论是区域工业经济的协同发展、工业企业的全球化布局，还是国际工业经济数据的比较与借鉴，大数据技术都为相关主体提供了强大的数据支持和决策依据，有助于推动全球工业经济朝着更加协同、高效、创新和可持续的方向发展。

第 9 章

大数据驱动工业经济统计的安全与隐私保护

在大数据时代，工业经济统计正经历着前所未有的变革。海量的数据资源为精准分析工业发展趋势、优化资源配置提供了可能，但同时也对数据安全与个人隐私保护提出了严峻的挑战。本章将深入探讨工业数据安全的重要性及其面临的挑战，解析数据加密、访问控制等关键技术在保障工业统计安全方面的应用实践，并着重介绍国内外隐私保护法规框架及企业实现数据合规性管理的策略。

9.1 工业数据安全的重要性与面临的挑战

9.1.1 工业数据安全的重要性

工业数据作为工业经济运行的核心要素，其安全性具有至关重要的意义。首先，工业数据反映了工业企业的生产流程、工艺参数、产品设计以及供应链等关键信息。这些数据的泄露可能导致企业的核心技术被竞争对手窃取，从而使企业在市场竞争中处于劣势地位。例如，一家高端制造业企业的产品研发数据和生产工艺数据若被泄露，竞争对手可能迅速模仿其产品，抢占市场份额，甚至可能通过对数据的分析找出企业生产流程中的薄弱环节，进行针对性打击。

其次，工业数据涉及工业控制系统的运行指令和状态反馈。一旦数据被恶意篡改或破坏，可能引发工业生产事故，对人员的生命安全和企业财产造成巨大损失。例如：在化工生产过程中，对反应温度、压力等关键参数数据的恶意修改可能导致化学反应失控，引发爆炸或泄漏事故；在电力系统中，对电网调度数据的破坏可能导致大面积停电，影响社会正常的生产生活秩序。

最后，工业数据的安全对于国家经济安全和战略安全也有着深远的影响。工业是国家经济的重要支柱，工业数据的泄露或被破坏可能引发产业链的连锁反应，影响整个国家的经济稳定。在一些关键工业领域，如国防工业、能源工业等，工业数据还涉及国家的战略安全。例如，国防工业企业的武器装备研发数据、军事通信网络数据等的安全直接关系到国家的军事防御能力和战略威慑力。

9.1.2 工业数据安全面临的挑战

然而，在大数据驱动工业经济统计的背景下，工业数据安全面临着诸多严峻挑战。

一是数据量巨大且分布广泛。随着工业互联网的发展，工业数据的来源日益增多，包括传感器、智能设备、企业信息系统、工业云平台等。这些数据分散在不同的地理位置和网络环境中，使得数据的集中管理和安全防护变得极为困难。例如，一家大型跨国工业企业在全球各地拥有众多生产基地和分支机构，其工业数据可能存储在不同国家和地区的数据中心。要确保这些数据的安全，需要应对不同的法律、文化和技术环境，使得实施统一有效的安全策略面临巨大挑战。

二是数据类型复杂多样。工业数据不仅包括结构化的数据库数据，如企业的财务数据、生产计划数据等，还包括大量非结构化数据，如工业图像、视频、音频、日志文件等。不同类型的数据具有不同的安全需求和风险特征，对安全防护技术提出了更高的要求。例如：对于工业图像数据，需要防止图像被非法篡改或窃取，以确保工业产品质量检测的准确性和可靠性；对于日志文件数据，需要保护其完整性，以便在发生安全事件时能够进行有效的追溯和审计。

三是网络攻击手段日益复杂和多样化。黑客组织和恶意攻击者不断研发新的攻击技术和工具，针对工业数据和系统发动攻击。例如：高级持续性威胁（Advanced Persistent Threat，APT）攻击能够长期潜伏在工业网络中，悄悄地窃取数据或破坏系统，且不易被发现；勒索软件攻击则通过加密企业的工业数据，并要求企业支付赎金才能恢复数据，给企业带来巨大的经济损失。此外，随着工业物联网的普及，针对物联网设备的攻击也日益增多，如通过入侵物联网传感器篡改其采集的数据，从而干扰工业生产决策。

四是内部人员安全管理难度大。工业企业内部人员，如员工、管理人员、合作伙伴等，都可能接触到工业数据。一些内部人员可能由于疏忽大意、违规操作或恶意行为导致数据泄露或被破坏。例如：员工可能因错误操作将敏感数据发送到错误的邮箱；管理人员可能为了个人利益故意窃取企业数据；合作伙伴在数据共享过程中可能违反数据安全协议，滥用数据。由于内部人员熟悉企业的业务流程和网络环境，其造成的安全风险往往更加隐蔽和难以防范。

五是数据安全与业务发展的平衡问题。在大数据时代，工业企业为了实现数字化转型和创新发展，需要充分利用工业数据进行分析和决策。然而，数据的开放和共享往往伴随着安全风险的增加。例如，企业为了开展工业经济统计分析，可能需要将部分数据提供给第三方统计机构或政府部门，但又担心数据在共享过程中被泄露或滥用。如何在保障数据安全的前提下，促进工业数据的合理开放和共享，实现数据安全与业务发展的良性互动，是工业企业面临的一个重要挑战。

9.2 数据加密、访问控制等安全技术在工业统计中的应用

9.2.1 数据加密技术

数据加密是保障工业数据安全的重要手段之一。加密技术通过将原始数据转换为密文形式，使得只有拥有相应解密密钥的授权用户才能将密文还原为原始数据，从而防止数据在传输和存储过程中被非法窃取或篡改。

在工业数据传输过程中，采用加密技术可以确保数据在网络中的安全性。例如，工业企业内部不同部门之间或企业与合作伙伴之间通过网络传输工业数据时，可以使用安全套接层(Secure Socket Layer，SSL)协议或传输层安全(Transport Layer Security，TLS)协议对数据进行加密。这些协议在应用层和传输层之间建立安全通道，对传输的数据进行加密处理，防止数据在网络传输过程中被黑客拦截和窃取。在工业物联网环境中，传感器采集的数据传输到云平台或企业数据中心的过程中，也可以采用轻量级的加密算法，如椭圆曲线密码学(Elliptic Curve Cryptography，ECC)体制，在不影响数据传输效率的情况下，保障数据的机密性。

在工业数据存储方面，企业可以对存储在数据库、文件系统或云存储

中的数据进行加密。对于结构化数据，如企业的生产计划数据、财务数据等，可以采用数据库加密技术，对数据库中的表、字段或整个数据库进行加密。例如，使用透明数据加密（Transparent Data Encryption，TDE）技术，在数据写入磁盘时自动对数据进行加密，在数据读取时自动解密，对应用程序和用户透明，且无需修改应用程序代码即可实现数据的加密存储。对于非结构化数据，如工业图像、视频等，可以采用文件加密技术，对文件进行整体加密或对文件中的敏感信息进行加密。例如，使用高级加密标准（Advanced Encryption Standard，AES）算法对工业图像文件进行加密，确保图像数据的安全存储。

此外，随着量子计算技术的发展，传统的加密算法面临着被破解的风险。因此，工业数据安全领域也在积极研究和探索抗量子计算攻击的加密技术，如量子密钥分发（Quantum Key Distribution，QKD）技术。QKD技术利用量子力学原理，实现密钥的安全分发，能够提供更高的安全性，为工业数据的长期安全存储和传输提供保障。

9.2.2 访问控制技术

访问控制技术是确保工业数据安全的另一项关键技术，它通过限制和管理用户对工业数据的访问权限，防止未经授权的访问、使用、修改或破坏数据。

基于身份的访问控制（Identity-Based Access Control，IBAC）是一种常见的访问控制方式，它根据用户的身份信息，如用户名、密码、数字证书等，来确定用户的访问权限。在工业企业中，员工、管理人员、合作伙伴等不同身份的用户对工业数据具有不同的访问需求。例如：生产线上的工人可能只需要访问与自己工作相关的生产工艺数据，而企业的研发人员则需要访问产品研发数据和实验数据。通过基于身份的访问控制，企业可以为不同身份的用户分配不同的角色和权限，确保用户只能访问其授权范围内的数据。例如：为生产工人分配"生产操作员"角色，该角色只具有对生产工艺数据的读取权限；为研发人员分配"研发工程师"角色，该角色具有对产品研发数据的读写权限以及对实验数据的读取权限。

基于角色的访问控制（Role-Based Access Control，RBAC）则是在基于身份的访问控制的基础上的进一步细化和扩展。它将用户与角色相关联，将角色与权限相关联,通过为用户分配不同的角色来实现对数据的访问控制。这种方式更加灵活且易于管理,尤其适用于大型工业企业中用户数量众多、角色复杂的情况。例如,在一家汽车制造企业中,可以定义"车间主管""质量检验员""设备维护工程师"等多个角色,每个角色具有不同的访问权限范围,然后根据员工的职责和工作岗位为其分配相应的角色,从而实现对工业数据的精细化访问控制。

除了基于身份和角色的访问控制外,基于属性的访问控制(Attribute-Based Access Control,ABAC)也在工业数据安全领域得到了越来越多的应用。ABAC 根据用户、资源、环境等多方面的属性来确定访问权限。例如:用户的属性可以包括部门、职位、工作时间等;资源的属性可以包括数据类型、数据敏感度、数据所属项目等;环境的属性可以包括访问时间、访问地点、网络环境等。通过综合考虑这些属性,ABAC 可以更加灵活地制定访问控制策略,适应复杂多变的工业数据访问场景。例如,在企业的办公时间内,允许员工在企业内部网络环境中访问其授权范围内的数据,但在非办公时间或外部网络环境中,则限制其访问权限,从而提高数据的安全性。

此外,为了进一步加强访问控制的安全性,工业企业还可以采用多因素认证技术,如结合密码、指纹识别、面部识别、动态口令等多种认证方式,对用户身份进行多重验证,确保只有合法用户才能访问工业数据。同时,企业还应建立完善的访问日志记录和审计机制,对用户的访问行为进行实时监控和记录,以便在发生安全事件时能够及时追溯和调查。

9.3 隐私保护法规与数据合规性管理

9.3.1 隐私保护法规

随着大数据时代的到来,工业数据隐私保护问题日益受到关注,各国纷纷出台相关法规来规范工业数据的收集、存储、使用和共享等行为。

欧盟的《通用数据保护条例》（General Data Protection Regulation，GDPR）是一部具有广泛影响力的隐私保护法规，它适用于在欧盟境内处理个人数据的所有企业和组织，无论其数据处理行为是否发生在欧盟境内。GDPR对数据主体的权利进行了明确规定，包括知情权、访问权、更正权、删除权（被遗忘权）、限制处理权、数据可移植权等。对于工业企业来说，在收集和处理员工、客户等个人数据时，必须遵循这些权利要求，向数据主体告知数据收集的目的、方式和用途，在数据主体提出请求时，应及时提供数据访问、更正或删除等服务。例如，一家欧盟境内的工业制造企业在招聘员工时收集了员工的个人信息，如姓名、联系方式、学历、工作经历等。根据GDPR的要求，企业必须明确告知员工这些信息的收集目的是用于招聘筛选和员工档案管理，并在员工入职后，应员工的要求，允许其查看自己的个人信息，并对错误信息进行更正或在特定情况下删除其个人信息。

美国也制定了一系列隐私保护法规，如《健康保险可携性和责任法案》（Health Insurance Portability and Accountability Act，HIPAA）主要针对医疗保健行业的个人数据保护，《儿童在线隐私保护法案》（Children's Online Privacy Protection Act，COPPA）则侧重于保护儿童在互联网上的个人隐私。虽然美国没有像欧盟那样的统一的综合性隐私保护法规。但在不同行业和领域都有相应的法规来规范数据隐私保护行为。工业企业在涉及相关领域的数据处理时，也必须遵守相应的法规要求。

在我国，《中华人民共和国网络安全法》对网络运营者在数据收集、存储、使用和传输等方面的安全义务进行了规定，强调了对个人信息的保护。此外，随着工业互联网的发展，我国也在加快制定针对工业数据隐私保护的相关法规和标准，如工业和信息化部发布的《工业数据分类分级指南（试行）》对工业数据进行分类分级管理，为工业数据隐私保护提供了指导原则。工业企业应密切关注国家和地方相关法规政策的出台和更新，确保自身的数据处理行为符合法律法规的要求。

9.3.2 数据合规性管理

为了确保工业数据的合规性，工业企业需要建立完善的数据合规性管理体系。

首先,企业应进行数据合规性风险评估。企业应全面梳理企业内部的数据处理流程,包括数据收集、存储、使用、共享、传输和销毁等环节,识别可能存在的合规性风险点。例如:在数据收集环节,是否存在未经数据主体同意或超出同意范围收集数据的情况;在数据共享环节,是否与第三方签订了合法有效的数据共享协议,以及第三方是否具备相应的数据安全保护能力等。通过风险评估,企业可以确定重点关注的风险领域,并制定相应的风险应对策略。

其次,企业应制定数据合规性政策和程序。企业应根据相关隐私保护法规和自身的数据处理需求,制定详细的数据合规性政策,明确数据处理的原则、标准和流程。例如:规定数据收集的最小化原则,即只收集与业务目的相关的必要数据;数据存储的安全要求,包括数据加密、存储介质的安全管理等;数据使用的权限管理,确保数据仅被授权人员用于授权目的;数据共享的审批流程,包括在何种情况下可以与第三方共享数据以及需要经过哪些审批环节等。同时,将这些政策转化为具体的操作程序,确保企业员工能够在实际工作中遵循执行。

再者,企业应加强员工的数据合规性培训。企业应提高员工的数据隐私保护意识和合规操作能力,使员工了解相关的隐私保护法规和企业的数据合规性政策,知道在数据处理过程中哪些行为是合法合规的,哪些行为是禁止的。例如,通过定期开展培训课程、发放培训资料、进行在线考试等方式对员工进行数据合规性培训,培训内容可以包括数据安全基础知识、隐私保护法规解读、企业数据合规性政策讲解以及实际案例分析等,使员工深刻认识到数据合规性的重要性,并能够在日常工作中自觉遵守相关规定。

接着,企业还应建立数据合规性监督和审计机制。企业应定期对数据处理行为进行监督检查,确保数据合规性政策和程序得到有效执行。同时,企业可以开展内部审计或聘请外部审计机构对企业的数据合规性进行审计,审计内容可以包括数据处理流程的合规性、数据安全措施的有效性、隐私保护政策的执行情况等。通过监督和审计,及时发现和纠正数据处理过程中的违规行为,不断完善企业的数据合规性管理体系。

最后,企业在进行国际业务合作或数据跨境传输时,还需要特别关注不同国家和地区之间的隐私保护法规的差异和数据跨境传输的合规要求。

例如,欧盟的 GDPR 对数据跨境传输规定了严格的条件,如需要满足充分性认定、采用标准合同条款、约束性公司规则等方式之一。工业企业在进行数据跨境传输时,必须确保符合相关法规的要求,避免因数据跨境传输违规而面临法律风险。

综上所述,在大数据驱动工业经济统计的过程中,工业数据安全与隐私保护面临着诸多挑战。通过综合运用数据加密、访问控制等技术手段,并积极适应全球隐私保护法规的要求,企业可以在确保信息安全的同时,充分发挥数据的价值,促进工业经济健康发展。未来,随着技术的不断进步和法律体系的完善,预计会有更多创新的解决方案出现,以更好地平衡数据利用与个人隐私保护之间的关系,有效地保障工业数据的安全与隐私,促进工业经济的健康稳定发展。

第 10 章

大数据工业经济统计的人才培养与组织变革

随着大数据技术的飞速发展，工业经济领域正经历着前所未有的变革。大数据不仅改变了企业的运营模式，还对人才培养和组织架构提出了新的挑战和要求。在这个数据驱动的时代，掌握和应用大数据分析能力成了工业经济发展的关键竞争力之一。因此，如何培养具备跨学科能力的复合型人才，并构建适应大数据环境的企业组织结构，成了当前工业经济发展中亟待解决的问题。

首先，市场对于能够熟练运用统计学、计算机科学和工业工程等多学科知识的复合型人才的需求日益增长。这类人才不仅需要具备深厚的理论基础，还应拥有实际应用大数据分析来解决复杂问题的能力。因此，探索有效的跨学科人才培养模式与路径显得尤为重要。通过结合不同学科的优势，可以培养出既懂技术又懂管理的高素质人才，为企业在激烈的市场竞争中保持领先地位提供人才支持。

其次，传统的企业组织架构在大数据背景下面临着重大挑战。数据驱动的决策文化逐渐成为企业发展的新趋势。为了适应这一变化，企业需要从领导层到普通员工都树立起数据意识，并通过结构调整来促进数据驱动的决策文化的形成。这不仅包括引入先进的数据分析工具和技术，更重要的是改变企业内部的工作方式和文化氛围，确保数据能够在决策过程中发挥其应有的作用。

最后，产学研合作在推动大数据技术应用和创新人才培养方面发挥着至关重要的作用。通过建立紧密的合作关系，高校、研究机构和企业可以共享资源、互补优势，共同培养符合市场需求的高质量人才。同时，这种合作模式也有助于加速科技成果的转化，推动工业经济持续健康发展。

综上所述，本章将深入探讨跨学科人才需求、企业组织结构优化以及产学研合作的重要性，以期为工业经济领域应对大数据时代的挑战提供有益的参考和建议。

10.1 跨学科人才需求特点与培养模式

10.1.1 跨学科人才需求特点

大数据在工业经济统计领域的广泛深入应用对跨学科人才的需求日益

第 10 章
大数据工业经济统计的人才培养与组织变革

凸显，这类人才需要融合多学科知识与技能。

从统计学角度看，他们必须精通数据收集、整理、分析与推断的各种方法。在工业经济数据处理中，他们应能够运用多元统计分析、时间序列分析等手段挖掘数据背后的规律与趋势，例如通过回归分析确定工业生产指标与经济变量之间的因果关系，为企业生产决策提供依据。对数据质量的把控也是关键，包括对数据的准确性、完整性、一致性和可靠性进行评估，以确保后续分析结果的有效性。

计算机科学知识不可或缺。人才需熟练掌握数据存储技术，如数据库管理系统（Database Management System，DBMS），能够高效地也组织和管理海量工业数据。在数据挖掘算法方面，应熟悉关联规则挖掘、聚类分析、分类算法等，以发现工业数据中的隐藏模式与关联，例如从生产设备运行数据中挖掘出故障预警信息。编程能力同样重要。相关人才应熟练运用 Python、R 语言等进行数据处理与脚本编写，实现自动化的数据处理流程，提高工作效率。

工业工程知识赋予人才对工业生产系统的深刻理解。他们能够将大数据分析结果与工业生产流程优化相结合，例如依据数据分析确定生产线上的瓶颈环节并提出改进方案，以提升生产效率、降低成本。他们对工业企业的运营管理有清晰的认识，包括供应链管理、生产计划与调度等，使大数据分析能更好地服务于企业整体运营战略，如通过数据分析优化库存管理策略，减少库存积压。

此外，跨学科人才还需具备良好的沟通协作能力。在企业内部，他们要与不同部门（如生产部门、技术部门、管理部门等）的人员合作，将大数据分析的成果以通俗易懂的方式传达给非技术人员，并根据他们的反馈进一步完善分析工作。在跨企业合作或行业交流中，他们也能有效地分享经验与见解，促进大数据工业经济统计领域的整体发展。

10.1.2 跨学科人才培养模式

针对上述跨学科人才需求的特点，构建多层次、多渠道的培养模式至关重要。

在高等教育层面，高校应优化课程体系设置。高校应开设融合统计学、计算机科学、工业工程等多学科核心课程的专业或方向。例如，在课程安排上，做到既有统计学的概率论与数理统计、多元统计分析等基础课程，又有计算机科学的数据库原理、数据挖掘、Python 编程等课程，以及工业工程的生产运作管理、工业系统分析等课程。加强实践教学环节，与工业企业合作建立实习基地，让学生参与工业经济统计项目实践，在实践中锻炼数据收集、分析和解决实际问题的能力。例如：安排学生到制造企业参与生产数据的分析工作，为企业优化生产流程提供数据支持；鼓励学生参与科研项目和学科竞赛，如大数据分析竞赛、工业创新设计大赛等，培养学生的创新思维和团队协作能力。

职业培训也是重要的培养途径。应针对在职人员或有一定基础的人员，开展短期集中培训课程。这些课程可以根据学员的需求和水平进行定制化设计，例如为企业数据分析人员提供进阶的数据挖掘算法培训，为工业工程师提供大数据应用于生产管理的培训。培训方式可以采用线上线下相结合的模式，利用网络平台提供在线课程学习资源，方便学员自主学习，同时安排线下实践操作与案例研讨课程，增强学员的实践能力和对知识的理解应用能力。

企业内部培训同样不可忽视。大型工业企业可以建立自己的培训中心或学院，根据企业自身的业务特点和大数据应用需求，开发内部培训课程。例如，企业可以针对自身的工业生产流程和数据管理系统，培训员工如何运用大数据分析工具进行生产效率分析、质量控制和设备维护预测等。通过内部培训，不仅可以提升员工的大数据应用能力，还能使员工更好地理解企业战略目标，促进企业内部的数据共享与协作文化建设。

10.2 企业组织架构调整与数据驱动文化建设

10.2.1 企业组织架构调整

为适应大数据工业经济统计的发展需求，企业需要对传统组织架构进行调整与优化。

传统企业组织架构往往以职能为中心进行划分，如生产部门、销售部门、财务部门等。各部门之间存在信息壁垒,数据流通不畅。在大数据时代,企业应建立以数据为核心的组织架构。首先,设立首席数据官(Chief Data Officer,CDO)职位,负责统筹企业的数据战略规划、数据资源管理和数据安全保障等工作。CDO 直接向企业高层汇报,确保数据相关的决策在企业战略层面得到重视和支持。

构建数据团队,包括数据工程师、数据分析师、数据科学家等不同角色。数据工程师负责数据基础设施建设与维护,如搭建和管理企业数据仓库、大数据平台等,确保数据的稳定存储与高效获取。数据分析师专注于对企业内部和外部数据进行分析,为各业务部门提供数据洞察和决策建议,例如为销售部门提供市场趋势分析报告,为生产部门提供生产效率优化方案等。数据科学家则侧重于开展前沿的数据挖掘与机器学习研究,探索新的数据应用场景和创新业务模式,如利用深度学习算法进行工业产品质量缺陷检测的研究与开发。

打破部门壁垒,建立数据共享与协作机制。成立跨部门的数据项目组,针对企业的重大业务问题或战略项目,如新产品研发、市场拓展战略制定等,由数据团队与相关业务部门人员共同组成项目组,实现数据与业务的深度融合。例如,在新产品研发项目组中,数据分析师通过对市场需求数据、竞争对手产品数据以及企业自身研发能力数据进行分析,为研发团队提供产品定位、功能设计等方面的建议,同时研发团队也可以将研发过程中的数据反馈给数据分析师,以便进一步优化分析模型。

10.2.2 企业数据驱动文化建设

数据驱动文化是企业在大数据时代持续发展的内在动力,其建设需要多方面的努力。

企业高层领导应率先垂范,树立数据驱动的决策理念。在企业战略制定、业务规划、资源分配等重大决策过程中,充分依据数据分析师提供的数据洞察和预测结果进行决策,而不是仅凭经验或直觉。例如,在决定是否进入一个新的市场领域时,企业高层应基于市场调研数据、行业趋势分析数据以及企业自身资源与能力数据进行综合评估,作出科学合理的决策。通过高层的示范作用,引导全体员工重视数据在工作中的作用。

加强对员工数据意识的培训。通过开展定期的数据培训课程、举办数据应用案例分享会等方式，提高员工的数据素养。培训内容包括数据基础知识、数据工具使用方法以及数据在各业务环节中的应用案例等。例如，培训员工如何使用简单的数据可视化工具（如 Excel 图表、Tableau 等）对日常工作数据进行分析和展示，使员工能够直观地理解数据背后的含义，从而在工作中主动寻求数据支持，养成数据驱动的工作习惯。

建立数据激励机制。对在数据收集、整理、分析和应用过程中表现优秀的员工或团队给予表彰和奖励。例如：设立数据创新奖，奖励那些通过数据分析提出创新性业务建议并取得显著成效的员工或团队；设立数据质量奖，表彰在数据管理工作中确保数据准确性、完整性和及时性的员工或团队。通过激励机制，激发员工参与大数据应用的积极性和主动性，促进企业数据驱动文化的形成与发展。

营造数据共享氛围。企业应建立内部数据共享平台，方便员工获取和共享数据资源。同时，鼓励员工在平台上分享数据应用经验和见解，促进知识交流与创新。例如，通过企业内部的社交网络或知识管理平台，员工可以分享自己在数据分析过程中发现的有趣模式或问题解决方案，其他员工可以进行评论和交流，形成良好的数据共享与创新生态环境。

10.3 产学研合作在人才培养与技术创新中的作用

10.3.1 人才培养方面

产学研合作在大数据工业经济统计跨学科人才培养中发挥着重要作用。

高校与企业合作可以实现资源互补。高校拥有丰富的教育资源，包括优秀的师资队伍、完善的教学设施和前沿的科研成果。企业则具有实际的工业场景、大量的业务数据和实践经验丰富的技术专家。通过合作，高校可以邀请企业技术专家参与教学活动，如举办讲座、担任兼职导师等，让学生了解工业企业实践中大数据的应用需求和业务流程。例如，企业数据科学家到高校为学生讲解工业大数据分析在企业产品质量控制中的实际应用案例，包括数据采集、分析方法选择以及如何将分析结果转化为实际的质量改进措施等，使学生接触到真实的行业场景，拓宽视野。

企业为学生提供实习和实践机会。高校学生可以到企业实习，参与企业的大数据项目，在实践中提升自己的专业技能。例如，计算机专业的学生可以在企业的数据团队中参与大数据平台的搭建与维护工作，统计学专业的学生可以协助企业分析师进行数据挖掘与分析工作，工业工程专业的学生可以在生产部门运用大数据分析结果进行生产流程优化实践。这种实习经历不仅有助于学生将理论知识转化为实际操作能力，还能让学生提前了解企业的文化和工作环境，提高就业竞争力。

产学研合作还可以促进高校课程体系的优化。企业根据自身对大数据工业经济统计人才的需求，向高校反馈人才培养的建议和要求。高校据此调整课程设置，增加与企业实际需求紧密结合的课程内容和实践教学环节。例如，根据企业对数据可视化在工业报告中的应用需求，高校在相关课程中增加数据可视化工具与工业案例结合的教学内容，使学生所学的知识更符合市场需求。

10.3.2 技术创新方面

在大数据工业经济统计技术创新领域，产学研合作也具有显著优势。

高校和科研机构是技术创新的源泉，它们在数据算法研究、理论模型构建等方面具有深厚的学术积淀。例如，高校的科研团队在机器学习算法优化、统计模型改进等方面开展前沿研究，这些研究成果可以为工业企业的大数据应用提供理论支持和技术创新思路。通过产学研合作，企业可以将这些前沿技术引入实际生产经营中，推动企业技术创新水平的提升。例如，企业与高校合作，将新的深度学习算法应用于工业产品图像检测中，提高检测的准确性和效率。

企业为技术创新提供应用场景和资金支持。工业企业拥有大量的工业数据和实际业务需求，这为技术创新提供了丰富的试验场。例如，企业在生产过程中产生的海量设备运行数据、产品质量数据等，可以作为高校和科研机构研究数据挖掘算法、故障预测模型等技术的素材。同时，企业可以为产学研合作项目提供资金支持，保障研究项目的顺利开展。例如，企业设立专项科研基金，资助高校和科研机构开展与企业大数据应用相关的研究项目，促进技术创新成果的转化。

产学研合作还可以促进技术创新的交流与扩散。通过合作平台，如产学研合作联盟、技术研讨会等，企业、高校和科研机构之间可以频繁交流技术创新信息，分享最新的研究成果和应用经验。这种交流与扩散有助于打破行业技术壁垒，激发更多的创新灵感，促进大数据工业经济统计技术在整个行业的推广与应用，推动整个工业经济领域的技术进步与创新发展。此外，政府在促进产学研合作方面也扮演着极为关键的角色。政府可以通过制定一系列优惠政策与制订专项资助计划，来激励各方积极参与大数据工业经济统计领域的产学研合作。例如，设立专门的产学研合作创新专项资金，对那些具有创新性和应用前景的合作项目给予资金扶持，助力解决项目研发过程中可能遭遇的资金短缺难题。还可以出台税收优惠政策，针对参与产学研合作的企业给予税收减免或优惠待遇，从而降低企业的合作成本，提高其参与合作的积极性。

在人才培养方面，政府能够引导高校与企业联合开展定制化人才培养项目。由政府牵头，依据工业经济对大数据人才的实际需求预测，组织高校与企业共同制定人才培养方案，确保培养出的人才能够精准对接市场需求。比如，建立"订单式"人才培养模式，企业提前向高校预定所需人才的数量并明确专业技能要求，高校按照企业需求进行针对性培养，学生毕业后直接进入企业工作，实现人才培养与就业的无缝衔接。

从技术创新的角度而言，政府可以搭建产学研合作交流平台，促进各方信息共享与资源整合。定期举办大数据工业经济统计技术创新成果展示会、研讨会等活动，为企业、高校和科研机构提供展示自身成果、交流合作意向的机会。同时，政府还能够组织建立公共研发平台，集中各方优势资源，如先进的实验设备、专业的研发团队等，为产学研合作项目提供技术支撑与服务，加速技术创新的进程。

在国际合作方面，产学研合作也能够借助政府搭建的国际交流桥梁，拓展国际视野，引进国外先进的技术与经验。政府通过与其他国家签订科技合作协议，推动大数据工业经济统计领域的国际产学研合作项目的开展。例如，组织国内企业、高校和科研机构与国外知名机构开展联合研究、学术交流、人才互访等活动，学习借鉴国外在大数据分析算法、数据安全保障、工业经济统计模型等方面的先进技术与成功经验，提升我国在该领域的国际竞争力。

综上所述,大数据工业经济统计领域的人才培养与组织变革是一个系统而长期的工程,跨学科人才培养模式的构建、企业组织架构的调整与数据驱动文化的建设以及产学研合作机制的完善均不可或缺。各方应协同努力,充分发挥各自的优势,以应对大数据时代给工业经济统计带来的机遇与挑战,推动工业经济向着数字化、智能化、创新型方向蓬勃发展。

制造业:数据驱动的智能制造转型

案例剖析:某知名汽车制造商的大数据之旅

一家领先的汽车制造商,面对日益激烈的市场竞争和客户需求多样化的挑战,决定利用大数据分析来优化生产流程、提升产品质量并推动个性化定制。该企业通过安装传感器和物联网设备,实时收集生产线上的各个环节的数据,包括机器运行状态、工人操作效率、原材料消耗等关键指标。这些数据被汇总到中央数据中心后,企业利用机器学习算法进行分析处理,以识别生产过程中的瓶颈和低效环节。基于分析结果,企业不仅能够预测设备故障并提前进行维护,减少了停机时间,还实现了生产流程的动态优化,显著提高了生产效率。

在技术方案上,该企业采用了 Hadoop 分布式存储系统来管理海量数据,并结合 Apache Spark 进行高速数据处理和分析。为了更精准地预测市场需求和指导生产计划,企业还引入了深度学习模型对历史销售数据和市场趋势进行分析。在整个实施过程中,企业注重数据安全和隐私保护,建立了严格的数据访问权限和加密机制。

通过大数据应用,该企业的生产效率提升了 20%,库存周转率提高了 30%,同时客户满意度也有了质的飞跃。这一成功实践证明了大数据分析在制造业中具有巨大潜力。其经验总结包括:明确的目标设定、强大的数据收集能力、高效的分析工具以及持续的创新文化。其他制造企业可以从中汲取的启示包括:重视数据驱动决策、建立跨部门协作的数据团队以及保持对新技术的敏锐洞察力。

但该案例推广至其他制造企业时也面临局限性,如高昂的技术投入成本、数据质量和标准化问题以及员工技能培训需求等。因此,企业在推进大数据应用时需充分考虑自身的实际情况,制订合理的实施计划。

能源业:精准预测与智能运维

案例剖析：某电力公司的大数据实践

面对日益复杂的电网结构和可再生能源接入比例的增加，确保电网安全稳定运行成为电力公司的首要任务。某大型电力公司决定借助大数据分析技术实现精准负荷预测和智能运维管理。通过整合来自气象站、智能电表、电网传感器等的多源异构数据，企业构建了一个综合数据分析平台。该平台能够实时监控电网运行状态，及时发现潜在故障风险，同时利用历史数据训练预测模型，提高短期和长期负荷预测的精度。

技术方案方面，企业采用了云计算平台以应对海量数据的存储和计算需求，运用了时间序列分析和机器学习算法来进行复杂模式识别和趋势预测。此外，还开发了一个可视化界面供运维人员查看关键指标和警报信息。

该公司大数据应用的成效表现为显著降低了因故障导致的停电次数和维护成本，同时提高了可再生能源利用率和用户满意度。经验教训为强调构建完善的数据采集机制、加强数据质量管理以及培养复合型人才队伍。对于其他能源企业来说，可借鉴的经验有：建立统一的数据标准体系、强化跨部门协作机制以及不断探索新的数据分析应用场景。但需要注意的是，该案例在推广过程中可能遇到的挑战包括数据孤岛现象严重、缺乏专业人才及资金支持等。

化工业：优化供应链与风险管理

案例剖析：某化工企业的大数据战略

在全球化工行业竞争加剧的背景下，一家国际知名化工企业决定通过大数据分析优化供应链管理并提升风险防控能力。它首先建立了一套覆盖采购、生产、物流到销售全流程的数据采集系统，收集包括原材料价格波动、市场需求变化、运输条件等多种因素在内的大量信息。接着，利用数据挖掘技术和算法对这些信息进行深度分析，以实现更精准的需求预测和库存控制，同时通过对供应商表现的评估来降低采购风险。

技术方案涉及使用 ERP 系统作为基础支撑平台，结合 CRM 系统增强客户关系管理能力，采用商业智能工具进行商业智能分析，并通过建立专门的风控模型来监测潜在风险点。整个过程高度重视信息安全和合规要求，以确保敏感信息得到有效保护。

取得的效果主要体现在供应链响应速度加快、运营成本降低以及风险抵御能力增强等方面。从这个案例中学到的经验是：全面规划数据治理架构非常重要；选择合适的分析工具和技术同样关键；要建立起一种鼓励创新试错的企业文化氛围。该案例给同行的建议则是尽早布局数字化转型战略、加强内外部资源合作共享以及注重人才培养引进工作。但是也要认识到不同规模或发展阶段的企业适用的策略会有所差异，故不能盲目照搬他人的模式，而应根据自身特点灵活调整策略方向。

1）成功企业实践经验总结与启示

跨行业成功案例的共通之处在于这些企业都深刻理解了利用大数据推动业务发展的重要性，并围绕此目标制定了清晰可行的战略规划。无论是制造业中的智能制造升级，还是能源领域的智能电网建设，抑或是化工行业的供应链优化项目，其成功的关键在于以下几点。

领导层支持：高层管理者的认可和支持对于推动大数据项目至关重要。只有当决策者充分认识到数据的价值并将其纳入企业发展蓝图时，才能保证相关资源的充分投入。

组织文化变革：开放透明的沟通环境让员工敢于尝试新事物，即使失败也不会受到惩罚。这种宽容失败的态度有利于激发团队创造力，促进创新成果不断涌现。

数据治理体系建设：建立健全涵盖数据采集、存储、加工、应用全生命周期的数据管理体系，确保数据质量和安全性满足法律法规的要求，同时也要兼顾用户体验、便捷性等因素。

人才队伍建设：组建一支既懂业务又精通数据分析技术的专业队伍是保障项目顺利实施的基础条件之一，为此，企业应当加大培训力度，吸引外部优秀人才加盟，共同成长进步。

持续迭代改进：随着外部环境的变化和技术的进步，任何方案都不是一成不变的，因此，必须定期回顾现有做法，寻找可以优化的空间，以便及时调整策略，适应新形势下的发展需求。

合作共赢生态构建：积极寻求与其他企业、研究机构甚至政府部门之间的合作伙伴关系，共享资源、互补优势，形成良性互动共赢局面，有助于加速技术创新转化效率，提升整体竞争力水平。

注重伦理道德责任履行：在享受数字化带来的便利之余，也不能忽视由此引发的社会伦理问题，比如如何平衡个人隐私保护与商业利益最大化之间的关系要求我们在追求经济效益的同时，也要考虑社会效益，承担起应有的社会责任和使命担当。

虽然每个行业都有其特殊性，但在拥抱数字化浪潮的过程中，仍有许多普遍适用的原则和方法论值得我们学习借鉴。希望未来能有更多优秀的中国企业加入这场伟大的变革之中，共创美好明天！

2）案例推广与应用的局限性分析

尽管上述几个典型例子充分展示了大数据技术在不同工业领域内的广泛应用前景及其对企业转型升级所带来的巨大推动作用，但我们也应该清醒地认识到，在实际操作层面仍存在诸多制约因素阻碍了其进一步普及和深化发展，具体表现在以下几个方面。

资金投入限制：尤其对于中小企业而言，高昂的硬件购置费用、软件许可成本以及后期运维开支往往成为难以承受的负担，导致很多有意尝试新鲜事物的小玩家望而却步，转而选择维持现状，不再做额外投资。

数据质量问题：脏数据、缺失值、异常值等情况普遍存在，严重影响最终分析结果的准确性、可靠性，使得即便是拥有先进工具方法，也可能因为输入端存在问题而导致输出端出现偏差，误导决策制定者作出错误判断。

人才短缺困境：当前市场上既具备深厚专业知识背景又熟悉现代信息技术应用的综合型人才十分稀缺，供不应求状况明显加剧了用人荒问题，部分单位内部缺乏有效的激励机制，核心骨干力量流失严重，使得青黄不接的局面更加恶化。

法规政策滞后：相关法律法规建设步伐跟不上行业发展速度，特别是在个人信息隐私保护方面还存在不少空白地带，容易引发争议纠纷，损害消费者权益，同时也给遵纪守法的经营者带来困扰，增加了合规经营的难度系数。

文化观念差异：传统文化影响深远，许多员工习惯按部就班地执行上级指示，缺乏主动思考、解决问题的意识，加上部分管理者思想僵化，不愿意轻易改变现状，导致新事物难以落地生根发芽，即便强行推行，也可能遭遇强烈抵触情绪，反弹效应明显降低，预期效果大打折扣。

第 10 章
大数据工业经济统计的人才培养与组织变革

3）针对以上问题的建议

政府层面应加大对科技创新的支持力度，出台更多优惠政策，扶持初创期科技型中小企业成长壮大；加快推进立法进程，完善配套规章制度，为市场主体提供良好的法治环境。

企业自身则需转变传统的管理模式，树立正确的价值观，倡导终身学习理念，营造积极向上的工作氛围，吸引更多高素质人才加盟，共同发展事业；同时也要注重内部培养，发掘潜在优秀人才，为其提供更多展示才华的舞台空间，促进个人成长与企业进步双赢局面的形成。

社会各界也应积极参与进来，形成合力，共同推动我国数字经济健康发展、迈向更高层次阶段，为实现中华民族伟大复兴中国梦贡献力量！

我们可以看到，虽然前方道路曲折坎坷，但只要我们坚定信心、迎难而上、不断创新、突破自我极限，就一定能够在新一轮全球科技革命浪潮中脱颖而出，书写属于自己的辉煌篇章！

此外，在应对这些局限性时，企业还可以采取一系列针对性的措施。

针对数据质量与隐私问题，企业应建立完善的数据治理体系，从数据源头抓起，规范数据采集流程，采用先进的数据采集设备和技术，确保数据的准确性和完整性。例如，引入自动化的数据采集系统，减少人工录入带来的错误。同时，加强数据清洗和预处理工作，运用数据挖掘和统计分析方法识别并处理缺失值、异常值和重复数据。在数据隐私保护方面，企业要深入研究相关法规政策，制定严格的数据隐私保护制度。采用数据加密技术，对敏感数据进行加密存储和传输，确保数据在整个生命周期中的安全性。例如，利用区块链技术的加密特性，实现数据的安全共享和可追溯，在满足隐私保护要求的同时提高数据的可信度和可用性。

为突破技术与人才瓶颈，企业一方面要加大对大数据技术研发和人才培养的投入，与高校、科研机构建立长期合作关系，开展产学研联合培养项目，定向培养大数据专业人才。一方面，企业可以设立企业奖学金，鼓励高校学生学习大数据相关专业，并为优秀学生提供实习和就业机会，使其毕业后能够快速融入企业的大数据团队。另一方面，企业可以加强对内部员工的大数据技术培训，通过线上线下相结合的培训方式，提升员工的大数据素养和应用能力。例如，邀请大数据领域的专家、学者到企业举办讲座和培训，组织员工参加大数据技术认证考试，对通过考试的员工给予奖励和晋升机会，激发员工学习大数据技术的积极性。

考虑到行业差异与企业规模差异，企业在借鉴案例时应注重个性化定制，深入分析自身行业的特点和业务需求，提取成功案例中的通用原理和方法，并结合实际情况进行创新应用。例如，中小企业可以采用云计算服务提供商提供的大数据解决方案，以较低的成本获取大数据处理能力，避免自行搭建复杂大数据平台的高额投入。同时，行业协会和政府部门可以发挥积极作用，组织开展行业间的大数据应用交流活动，促进不同行业之间的经验分享和技术合作。例如，举办大数据工业经济统计应用研讨会，邀请各行业代表企业介绍成功经验，为企业提供相互学习和交流的平台，推动大数据技术在不同行业的适应性应用。

在组织变革与文化适应方面，企业需要制定全面的变革策略。首先，要加强高层领导的引领作用，通过制定明确的大数据战略和目标，向全体员工传达企业推进大数据应用的决心和愿景。例如，成立由高层领导挂帅的大数据战略领导小组，负责统筹规划和协调企业的大数据应用工作。其次，要加强员工沟通与培训，让员工充分了解大数据应用对企业发展和个人工作的积极影响，消除员工的疑虑和抵触情绪。例如，开展大数据应用宣传活动，通过内部刊物、宣传栏、视频会议等多种形式，向员工普及大数据知识和应用案例，提高员工对大数据的认知度和接受度。最后，要建立灵活的组织架构和激励机制，鼓励员工积极参与大数据应用创新。例如，设立大数据创新奖励基金，对在大数据应用过程中提出创新性想法和解决方案的员工或团队给予表彰和奖励，激发员工的创新活力和创造力。

总之，大数据工业经济统计的应用案例为企业提供了丰富的实践经验，但在推广应用过程中需要充分认识到其存在的局限性，并采取有效的应对措施。只有这样，才能使大数据技术在工业经济领域得到更广泛、更深入的应用，为工业企业的转型升级和可持续发展提供强大动力。

第 11 章

大数据工业经济统计应用案例与实践经验

11.1 不同行业的大数据统计应用案例剖析

11.1.1 制造业案例：汽车制造企业的大数据应用

某知名汽车制造企业在其生产运营过程中广泛应用大数据技术进行工业经济统计与优化。

1) 应用场景

生产流程优化：在汽车生产线上，通过在设备上部署大量传感器，收集诸如机床转速、压力、零部件装配精度等数据，以及生产流程各环节的时间节点数据。利用这些数据构建生产过程模型，分析生产瓶颈。例如，发现某一型号汽车发动机装配工序耗时较长，经大数据分析确定是特定零部件供应不及时以及装配工人熟练度差异导致的。通过调整供应链配送计划和有针对性的员工培训，装配时间显著缩短，生产线整体效率明显提高。

质量控制：收集每一辆汽车生产过程中的质量检测数据，包括零部件检测数据、整车性能测试数据等。采用数据挖掘算法对这些数据进行分析，识别质量缺陷的潜在模式。如发现某一批次汽车的车漆厚度不均与特定喷漆设备参数波动以及环境湿度变化相关，企业则可通过实时监控设备参数和环境数据，提前调整喷漆工艺，有效降低次品率，提升产品质量。

市场预测与销售策略制定：整合市场调研数据、销售渠道数据、客户反馈数据以及宏观经济数据等。分析不同地区、不同消费群体对汽车车型、配置、价格的偏好和需求趋势。例如，通过大数据分析发现一线城市的年轻消费群体对新能源汽车的续航里程和智能互联功能更为关注，且在特定促销季节购买意愿较高。基于此，企业可以有针对性地开发适合年轻群体的新能源车型，并制定精准的促销活动，提高市场占有率和销售额。

2) 技术方案

构建企业级大数据平台，采用 Hadoop 分布式存储架构存储海量生产数据与市场数据，并利用 Spark 进行数据处理和分析计算。

运用数据挖掘工具如 Python 的 Scikit-learn 库进行聚类分析、关联规则挖掘等算法应用，以发现数据中的隐藏关系。

采用数据可视化工具如 Tableau 进行数据展示，为企业管理层和各部门提供直观的数据分析结果，便于决策。

3）实施过程

进行数据基础设施建设，在生产设备和业务系统中部署数据采集点，建立数据传输网络，将数据集中存储到大数据平台。

组织跨部门的数据团队，包括生产工程师、数据分析师、市场调研人员等，共同制定数据应用方案和分析目标。

按照项目制推进大数据应用，如设立生产流程优化项目、质量控制项目、市场预测项目等，分别进行数据收集、分析、模型构建和应用效果评估。

4）取得的成效

生产效率提升了 20%，生产线停工时间减少了 30%，有效降低了生产成本。

产品次品率从原来的 5%降低到 2%，提高了产品质量和品牌声誉。

市场份额在特定目标市场增长了 10%，销售额连续两年实现两位数增长。

11.1.2 能源业案例：电力企业的大数据实践

一家大型电力企业利用大数据进行工业经济统计与运营管理优化。

1）应用场景

电力设备故障预测与维护：通过安装在发电设备、输电线路等上的传感器，收集设备运行参数（如温度、振动、电流、电压等）以及环境数据（如温度、湿度、风速等）。运用机器学习算法建立设备故障预测模型，提前发现潜在的故障隐患。例如，对变压器油中溶解气体含量数据进行分析，结合运行温度和负载数据，预测变压器可能发生的故障类型和时间，及时安排维护检修，避免设备突发故障导致的停电事故，提高供电可靠性。

电力负荷预测与能源调度：整合历史电力负荷数据、气象数据、经济活动数据(如工业生产指数、商业活动活跃度等)以及用户用电行为数据(如分时电价响应数据等),采用时间序列分析和深度学习算法预测不同地区、不同时段的电力负荷需求,根据预测结果优化发电计划和电网调度,实现能源的高效分配和利用。例如,在夏季高温时期,准确预测到某地区由于空调使用增加导致的电力负荷高峰,提前调度周边电厂增加发电功率,并合理安排输电线路,确保了电力供应稳定。

能耗分析与节能减排:收集企业内部各生产环节、办公区域等的能源消耗数据,分析能源消耗的分布和效率情况。例如,对不同类型机组的发电能耗进行对比分析,发现老旧机组能耗较高,通过技术改造或优化运行参数,降低了单位发电能耗,实现了节能减排目标。

2) 技术方案

建立基于云计算的大数据处理平台,利用云存储技术存储海量电力数据,采用云计算资源进行数据计算和分析任务的弹性分配。

应用机器学习算法库如 TensorFlow 等构建故障预测和负荷预测模型,采用数据清洗和预处理工具如 Apache Flink 等对实时数据进行清洗和转换。

利用地理信息系统(Geographic Information System,GIS)技术与大数据分析相结合的方式,直观展示电力设备分布、电力负荷分布等信息,辅助决策制定。

3) 实施过程

开展数据整合项目,对分散在各个生产系统、计量系统、管理系统中的数据进行统一采集并接入大数据平台。

与科研院校合作,引进专业的数据科学人才,组建内部大数据研发团队,负责模型开发和算法研究。

逐步在企业内部推广大数据应用成果,从试点项目开始,如先在部分发电站进行设备故障预测试点,取得成功后在全企业范围推广应用。

4) 取得的成效

设备故障预警准确率达到 90% 以上,设备突发故障次数减少了 50%,降低了设备维修成本和停电损失。

电力负荷预测误差控制在 5% 以内,提高了能源调度效率,减少了能源浪费，每年节约发电成本数千万元。

单位发电能耗降低了 10%，在节能减排方面取得显著成效，提升了企业的社会形象。

11.1.3 化工业案例：化工企业的大数据应用

某化工企业借助大数据提升工业经济统计与生产管理水平。

1）应用场景

化学反应过程优化：在化工生产的化学反应过程中，通过传感器收集反应温度、压力、原料流量、产品浓度等数据，利用大数据分析技术研究反应过程的动力学模型。例如，分析发现某一合成反应在特定温度和压力组合下，反应转化率最高且副产物最少。通过精确控制反应条件，提高了产品收率，降低了原材料消耗。

安全管理与风险预警：收集化工生产过程中的安全相关数据，如危险化学品储存量、设备运行安全参数、环境监测数据（如有毒气体泄漏检测数据）等。建立安全风险评估模型，基于大数据分析预测可能发生的事故。如根据风向、风速、周边人口密度等数据以及化工装置的泄漏风险评估，制定应急预案和疏散方案，有效保障了企业周边居民和环境安全。

供应链优化：整合供应商信息、原材料采购数据、物流运输数据以及市场需求数据等。分析原材料价格波动趋势、供应商交货周期和质量稳定性等因素，优化采购策略。例如，通过大数据分析发现某一原材料在特定季节价格较低且供应充足，提前增加采购量并合理安排库存，从而降低采购成本。同时，根据市场需求预测调整生产计划和产品配送计划，提高供应链的整体效率。

2）技术方案

采用工业物联网（Industrial Internet of Things，IIoT）技术构建数据采集网络，将化工生产现场的传感器、仪表等设备连接到企业网络，实现数据实时采集和传输。

利用数据仓库技术对海量化工数据进行存储和管理，采用联机分析处理（OnLine Analytical Processing，OLAP）技术进行多角度数据分析。

应用数据挖掘算法如决策树算法进行安全风险分类和预测，采用线性规划算法进行供应链优化决策。

3）实施过程

进行化工生产设施的数字化改造，安装大量先进的传感器和自动化控制设备，为大数据采集奠定基础。

建立企业内部的大数据管理中心，负责数据治理、分析和应用项目的统筹管理。

与专业的化工行业软件供应商合作，定制开发适合本企业的大数据应用系统，逐步上线运行各个应用模块。

4）取得的成效

产品收率提高了15%，原材料消耗降低了10%，显著提升了企业的经济效益。

安全事故风险预警时间提前了70%以上，有效预防了多起可能发生的重大安全事故，保障了企业生产运营安全。

供应链成本降低了12%，库存周转率提高了20%，增强了企业在市场中的竞争力。

11.2 成功企业的实践经验总结与启示

1）数据驱动决策文化的建立

成功企业均高度重视数据在决策制定过程中的作用，将数据驱动决策文化融入企业核心价值观。企业管理层应以身作则，在进行战略规划、生产计划调整、市场策略制定等重大决策时，依据大数据分析结果而非主观臆断。例如，汽车制造企业在决定新车型研发方向和市场定位时，充分参考市场需求大数据分析、竞争对手产品数据以及自身生产能力和成本数据等。这种文化促使企业全体员工积极参与数据收集、分析和应用，形成良好的数据生态环境。这启示其他企业要从高层开始推动数据文化建设，通过培训、激励等措施提高员工的数据素养和应用数据的积极性。

2）跨部门协作与数据团队组建

各行业的成功案例都强调企业跨部门协作在大数据应用中的关键作

用。由于大数据涉及企业生产、销售、研发、安全等多个环节，需要组建跨部门的数据团队。例如，电力企业的设备故障预测项目中，生产部门提供设备运行数据，技术部门负责数据采集系统维护和模型开发，市场部门提供用户用电行为数据辅助负荷预测等。跨部门团队能够整合各方资源和专业知识，确保大数据项目的顺利实施。其他企业应借鉴此经验，打破部门壁垒，建立灵活高效的跨部门数据协作机制，促进数据在企业内部的流通和共享。

3）技术选型与基础设施建设

成功的企业根据自身行业特点和业务需求，合理选择大数据技术架构和工具。在基础设施建设方面，注重数据采集的全面性、准确性和实时性。例如，化工企业采用工业物联网技术构建强大的数据采集网络，确保化学反应过程数据的精准采集。在数据存储上，根据数据量和数据类型选择合适的存储方式，如分布式存储或数据仓库。在数据分析和处理上，应用成熟的数据挖掘、机器学习算法和大数据计算框架。这提示其他企业在开展大数据项目前，要充分调研和评估自身需求，选择适配的技术方案，避免盲目跟风新技术，同时要重视数据基础设施建设，为大数据应用提供坚实的保障。

4）持续创新与优化

这些成功的企业在大数据应用过程中并非一蹴而就，而是持续进行创新和优化。例如：汽车制造企业不断更新市场预测模型，以适应市场变化和消费者需求的动态演变；电力企业持续改进设备故障预测算法，提高预测精度。企业通过设立专门的研发和优化机制，不断探索新的大数据应用场景和技术方法，使大数据始终为企业发展提供有力支撑。其他企业应学习这种持续创新精神，建立大数据应用的动态评估和优化机制，不断挖掘大数据的潜在价值。

11.3 案例推广与应用的局限性分析

1）数据质量与隐私问题

在案例推广过程中，数据质量是一个普遍存在的挑战。许多企业，尤

智驱变革：
大数据赋能工业经济统计与产业升级

其是中小企业，数据采集设备陈旧、数据标准不统一、数据录入错误等问题导致数据质量低下，影响大数据分析结果的准确性和可靠性。例如，一些化工企业早期的生产数据由于记录不规范，存在大量缺失值和错误值，难以直接用于大数据分析。同时，数据隐私保护法规日益严格，企业在数据收集、存储、共享和应用过程中需要遵循相关规定。例如，在医疗、化工等涉及敏感信息的行业，数据隐私问题更为突出，限制了数据的流通和应用范围，阻碍了案例的推广。

2）技术与人才瓶颈

大数据技术的复杂性要求企业具备专业的技术人才队伍，但目前很多企业（尤其是传统工业企业）缺乏大数据相关的技术人才，如数据科学家、数据工程师等。这导致企业在技术选型、系统开发、模型构建和维护等方面面临困难。例如，一些制造业企业在引入机器学习算法进行质量控制时，由于内部缺乏相关技术人员，无法对算法进行调整和优化，影响了应用效果。此外，大数据技术更新换代快，企业需要不断投入资源进行技术培训和升级，这对于一些资金和资源有限的企业来说是一个较大的负担，限制了案例在这些企业中的推广应用。

3）行业差异与企业规模差异

不同行业的工业生产特点和业务流程差异较大，导致大数据应用案例难以直接复制推广。例如，能源业的生产设备和运营模式与制造业有很大不同，其大数据应用场景和技术方案不能简单套用到制造业企业。即使在同一行业，企业规模的差异也会影响案例的适用性。大型企业通常有更多的资源和数据基础来开展大数据项目，而中小企业可能面临数据量不足、资金有限等问题。例如，对于大型电力企业建立的复杂大数据平台和预测模型，中小企业难以效仿，需要根据自身规模和特点进行简化和调整，这增加了案例推广的难度。

4）组织变革与文化适应

大数据应用往往需要企业进行组织架构调整和文化变革，这对于许多企业来说是一个艰难的过程。传统企业的层级式组织架构可能阻碍数据的快速流通和决策的高效制定，而建立以数据为中心的扁平化组织架构需要打破既得利益格局和传统管理思维。例如，一些企业在推行数据驱动决策文化时，遭到部分管理人员和员工的抵制，他们认为这会削弱他们的权力或增加工作负担。这种组织变革和文化适应问题在案例推广中是一个不可忽视的障碍，需要企业有足够的决心和策略来克服。

综上所述，不同行业的大数据工业经济统计应用案例为其他企业提供了宝贵的经验和借鉴，但在推广应用过程中也面临着诸多局限性。企业在借鉴成功案例时，需要充分考虑自身的数据质量、技术人才储备、行业和规模特点以及组织文化等因素，从而制定适合自身发展的大数据应用策略。

第 12 章

未来展望与研究趋势

在当今信息化、数字化时代，大数据已经成为推动工业经济统计革新的强大驱动力。它不仅极大地丰富了数据来源，提高了数据处理效率，还为工业经济的深度分析和精准预测提供了可能。本章旨在全面概述大数据在工业经济统计中的核心作用及其显著重要性，探讨其如何重塑传统统计模式以及对未来工业经济发展的深远影响。

大数据技术的应用，使得工业经济统计能够突破时空限制，实现对海量、多源、异构数据的实时采集、存储与分析。这一变革不仅提升了统计数据的准确性和时效性，还促进了统计方法的创新与发展。通过大数据分析，我们可以更深入地洞察工业经济运行的内在规律，识别潜在的市场趋势和风险点，为政策制定和企业决策提供科学依据。

同时，大数据也为工业经济统计带来了新的挑战，如数据质量的提升、隐私保护的加强以及跨领域数据融合的复杂性等。这些问题的解决需要我们在技术创新和制度完善方面不断努力。

本章将从多个维度展开讨论，首先分析大数据在工业经济统计中的发展趋势，预测未来可能出现的新技术和新应用及其影响；其次探讨持续研究与创新的方向，提出该领域需要关注的重点问题和可能的创新路径；最后，我们将设计一个活动方案，旨在推动大数据在工业经济统计领域的广泛应用和发展。

通过本章的阐述，我们期望读者能够深刻理解大数据在工业经济统计中的重要性和应用潜力，把握行业发展的最新动态和趋势，并激发对该领域研究和实践的兴趣与热情。

12.1 大数据工业经济统计的发展趋势预测

12.1.1 技术演进

在当今科技迅猛发展的浪潮下，大数据工业经济统计所仰仗的技术正踏上持续变革的征程。数据采集技术作为源头环节，其发展方向聚焦于传感器技术的进阶。未来的工业传感器将以微型化、高精度、低功耗为显著特征，并且具备自组网与智能感知的能力。例如，新一代的传感器能够敏锐地自动感知周围环境的细微变化，依据环境动态自适应地调整采集参数，从而实现对工业生产流程更为全面、精准且实时的数据捕捉的目标。这不仅涵盖传统意义上的物理量数据，如温度、压力、流量等，还将突破性地拓展至生物识别数据、化学物质检测数据等多模态数据领域，为工业经济统计构建起更为丰富多元的信息源泉。

数据存储技术领域同样孕育着重大变革。新型存储介质，如量子存储与 DNA 存储，正处于研发的前沿阵地，有望在未来取得实质性突破并逐步在工业大数据存储领域崭露头角。这些前沿存储技术具有令人瞩目的优势，能够极大地提升数据存储密度，显著延长存储寿命，同时有效降低数据存储成本与能耗。与此同时，分布式存储架构也将持续优化升级，其容错性、可扩展性以及数据一致性保障能力将得到进一步强化。这将有力地应对工业数据呈指数级增长的严峻挑战，确保海量工业数据能够在安全、高效的环境中得以存储，并实现快速检索与调用，为工业经济统计分析提供坚实的数据存储基础。

数据分析技术层面，人工智能与机器学习的深度融合将成为主导趋势并不断推陈出新。深度学习算法作为其中的核心力量，其模型结构将日益复杂且自适应能力愈发强大。通过对海量工业数据进行深度挖掘与学习，深度学习算法能够自动洞察数据中更深层次、更为复杂的模式与内在关系，为工业经济运行规律的揭示提供前所未有的精准视角。强化学习在工业决策优化方面的应用前景广阔。例如，在工业生产调度、供应链管理等关键领域，通过智能体与环境之间的持续交互学习，强化学习能够自动生成并动态调整最优决策策略。值得一提的是，人工智能与传统统计分析方法并非相互替代，而是相互补充、相得益彰，共同构建起更为强大的数据分析工具集。这一融合将为工业经济统计分析提供更准确、可靠且具有前瞻性的结果，有力地推动工业经济决策从经验主义迈向数据驱动的科学决策新时代。

数据可视化技术亦将迎来创新性的变革浪潮。虚拟现实(Virtual Reality，VR)、增强现实(Augmented Reality，AR)以及全息投影等前沿技术正逐步向工业数据可视化领域渗透融合。这一系列技术的融入将使工业经济统计数据的展示呈现出前所未有的直观性、生动性与交互性。用户将能够以沉浸式的体验方式深入数据内部，从多个维度、不同层次全方位地探索数据所蕴含的丰富信息。这种创新的数据可视化模式将极大地提升对数据分析结果的理解与应用效率，为企业管理者与决策者提供更为清晰、准确的工业经济运行态势感知，助力其在复杂多变的市场环境中作出更为科学合理的决策，引领工业企业在数字化浪潮中稳健前行。

12.1.2 应用拓展

展望未来，大数据工业经济统计的应用边界将得到更为广泛的拓展与延伸。在工业生产的核心环节，其应用将突破现有的藩篱，在个性化定制生产与智能制造生态系统构建方面深入推进。借助大数据技术对消费者需求的深度剖析与精准挖掘，工业企业将具备从大规模标准化生产向大规模个性化定制生产转型的能力。通过对海量消费者数据进行分析，企业能够精准洞察每个客户的个性化偏好与需求细节，进而据此量身定制生产方案。这一转型不仅能够有效满足客户日益多样化与个性化的需求，还将显著提升生产效率与产品附加值，重塑工业企业的竞争优势与市场地位。

与此同时，大数据将成为工业企业内部各生产环节以及产业链上下游企业之间深度协同与融合的催化剂，有力地推动智能制造生态系统的构建。在这一生态系统中，资源将实现最优配置与共享，信息将在企业间无缝流通，各主体之间的协同效应将得到充分发挥。通过大数据平台的连接与整合，产业链上下游企业能够实现紧密协作，共同应对市场需求的波动与技术创新的挑战，从而提升整个产业链的竞争力与创新能力，推动工业经济向更高的层次协同发展迈进。

在工业经济宏观调控与政策制定的宏观层面，大数据的应用将迈向更为深入与系统的新阶段。政府部门将借助大数据技术构建起对工业经济运行全要素、全过程的实时监测体系，这犹如为工业经济装上了精准的"监测雷达"。通过这一体系，政府能够及时、敏锐地捕捉到经济运行中的潜在风险与问题萌芽，并迅速作出反应。更为重要的是，大数据将助力政府构建精准的宏观经济模型与政策模拟分析平台。在这一平台上，政府能够对不同政策措施的实施效果进行前瞻性的预测与深入的评估，模拟不同政策组合在各种复杂经济场景下的运行结果。例如，在制定产业扶持政策时，政府可依据大数据分析精准锁定扶持对象，科学确定扶持力度与方式，从而大幅提高政策的针对性与有效性，避免资源的浪费与错配。在应对工业经济波动与危机时，大数据分析将为政府提供基于数据的决策依据，使其能够迅速制定科学合理的应对策略，精准施策，有效降低经济波动对社会经济的负面影响，保障工业经济在复杂多变的全球经济环境中平稳健康发展。

在工业企业的市场竞争与战略规划领域，大数据应用将实现从传统模式向更为全面、深入的战略模式转型。传统的市场分析与竞争对手监测将只是大数据应用的基础层面，未来其将进一步拓展至全球市场布局优化与战略创新管理的高阶领域。企业将利用大数据技术对全球市场需求的动态变化、竞争态势的风云变幻、政策法规的调整趋势等海量信息进行全面、深入的分析与精准预测。基于这些分析结果，企业能够制定出更具前瞻性、适应性与灵活性的全球市场拓展战略，犹如在全球市场的浩瀚海洋中精准导航，选择最具潜力的目标市场并把握最佳的进入时机，同时优化全球供应链与生产布局，降低运营成本，提高市场响应速度。

此外，大数据将成为企业开展战略创新管理的核心驱动力。通过对行业技术发展前沿趋势、创新资源分布格局、消费者需求演变轨迹等多维度数据进行深度挖掘与综合分析，企业能够敏锐地发现新的市场机会与战略创新突破点。这将推动企业从传统的产品竞争、价格竞争模式向基于大数据驱动的创新竞争、生态竞争模式转型。在创新竞争模式下，企业将以持续的技术创新与产品创新为核心竞争力，引领市场潮流。在生态竞争模式下，企业将致力于构建与合作伙伴、供应商、客户等多方共赢的产业生态系统，整合各方资源与优势，实现协同发展与价值共创。这种战略转型将显著提升企业在全球市场的核心竞争力与可持续发展能力，使其在激烈的市场竞争中立于不败之地。

12.2 持续研究与创新的方向探讨

1）数据质量提升与管理创新

尽管大数据为工业经济统计带来了海量的信息宝藏，但数据质量问题犹如隐藏在其中的暗礁，依然是制约其应用效果充分发挥的关键瓶颈之一。展望未来，数据质量提升与管理创新将成为研究的重点领域。在数据清洗、去噪、修复与验证技术研发方面，更多的精力与资源将被投入，致力于开发更为先进、高效的数据处理技术。例如，基于人工智能的智能数据质量自动检测与修复算法将成为研究热点。这类算法能够模拟人类智能，运用机器学习、深度学习等技术手段，智能识别数据中的异常值、缺失值等问题，并自动生成精准的修复或补充策略，从而极大地提高数据质量评估与处理的效率与精度，确保工业数据的准确性、完整性、一致性与可靠性，为后续的数据分析与决策提供坚实的数据基石。

在数据管理模式创新方面，探索建立更为科学合理、高效灵活的数据治理模式与标准体系将成为关键任务。这将涵盖数据全生命周期的管理与监控，从数据的产生、采集、存储、处理到共享、销毁等各个环节，都将建立起严格的规范与流程。同时，构建数据质量管理的责任追溯机制至关重要。应明确数据生产者、使用者、管理者在数据质量保障体系中的职责与义务，形成环环相扣的责任链条。一旦出现数据质量问题，能够通过这一追溯机制迅速定位问题源头，确定责任主体，并及时采取有效的纠正与预防措施，以确保数据质量问题能够得到及时、彻底地解决。

此外，在保障数据安全与隐私的前提下，如何打破数据孤岛，促进工业数据的跨企业、跨行业、跨区域共享与流通，构建开放、协同、高效的数据生态系统，将成为未来研究的重要课题。这需要在技术层面研发安全可靠的数据共享技术与协议，如基于区块链的数据共享平台，利用区块链的加密技术、分布式账本技术等特性，实现数据的安全共享与可信追溯。同时，在政策法规层面，需要制定完善的数据共享相关政策法规，明确数据共享的边界、条件与权益分配机制，为数据共享营造良好的政策环境并提供法律保障，充分释放大数据在工业经济统计中的潜在价值与巨大能量。

2）多源异构数据融合与分析

工业领域的数据来源广泛繁杂，数据类型呈现出高度的复杂多样性，涵盖结构化数据（如企业财务报表数据、生产计划数据等）、非结构化数据（如工业生产现场的图像、视频监控数据、音频记录数据、设备维护日志文本等）以及半结构化数据（如 XML 格式的数据文件、网络日志文件等）。

第 12 章
未来展望与研究趋势

这些数据往往存储于不同的系统与平台之中，具有显著的多源异构特性，犹如一盘散沙，难以整合利用。未来的研究将全力攻克多源异构数据融合与分析这一艰巨难题，致力于开发通用的数据融合框架与接口标准，为不同来源、不同类型数据的无缝对接与有机融合铺设坚实的技术桥梁。

例如，基于语义理解与知识图谱的多源异构数据融合技术将成为研究的前沿方向。通过构建工业领域专属的知识图谱，可以将不同数据中的实体、关系与属性进行语义层面的映射与关联，从而实现数据在语义层面的深度融合与整合，为后续的深度数据分析提供统一、规范的数据基础。在这一过程中，自然语言处理技术、语义挖掘技术等将发挥关键作用，它们将非结构化和半结构化数据中的语义信息转化为结构化的知识表示，使其能够与结构化数据进行有效融合。

同时，针对多源异构数据的独特特点，创新数据分析方法与算法势在必行。开发适用于混合数据类型的联合分析算法、多模态数据的协同挖掘算法等将成为研究热点。这些算法将能够充分挖掘多源异构数据中蕴含的互补信息与潜在价值，打破单一数据类型分析的局限性。例如，联合分析算法能够综合考虑结构化数据中的数值关系与非结构化数据中的文本描述、图像特征等信息，从而发现更为全面、深入的工业经济运行规律与潜在问题。多模态数据的协同挖掘算法则能够实现不同模态数据之间的相互补充与验证，提高数据分析结果的准确性与可靠性，为工业经济统计提供更具深度与广度的分析结果，助力工业企业与政府部门作出更为精准的决策。

3）工业经济复杂系统建模与仿真

工业经济作为一个庞大而复杂的系统，犹如一个有机的生命体，涉及众多的企业个体、多元的产业部门、丰富的生产要素以及多样的市场主体。其运行过程受到技术创新浪潮的冲击、市场需求变化的牵引、政策法规调整的约束、国际竞争压力的挑战等多种因素的交互影响，呈现出高度的非线性、动态性与不确定性特征。为了更为深入地洞察工业经济运行的内在规律，精准预测其未来发展趋势，并制定科学合理的政策与战略，未来需要大力加强工业经济复杂系统建模与仿真的研究力度。

开发更为贴合工业经济实际运行特征的复杂系统模型将成为核心任

务。基于多智能体的系统动力学模型、网络分析模型、离散事件仿真模型等将成为重点研究方向。多智能体模型能够将工业经济系统中的各个企业、消费者、政府部门等主体视为具有自主决策能力的智能体，通过模拟智能体之间的交互行为与决策过程，展现工业经济系统的微观运行机制与宏观涌现现象。系统动力学模型则侧重于从系统整体的角度，分析工业经济系统中各要素之间的因果反馈关系，揭示系统的动态演化规律。网络分析模型将工业经济系统中的企业、产业部门等视为节点，将它们之间的经济联系（如供应链关系、技术合作关系等）视为边，通过研究网络结构与节点属性的变化，分析工业经济系统的结构特征与稳定性。离散事件仿真模型则聚焦于工业经济系统中的离散事件（如订单生成、生产任务完成、设备故障发生等），通过模拟这些离散事件的发生顺序与时间间隔，评估工业经济系统的性能与效率。

通过构建工业经济复杂系统仿真平台，利用大数据对模型参数进行实时校准与优化，开展不同场景下的政策模拟实验与战略分析评估，将为政府部门、企业管理者与决策者提供科学决策的有力依据与高效工具。在这一仿真平台上，政府可以模拟不同产业政策（如税收优惠政策、财政补贴政策、产业准入政策等）对工业经济增长、产业结构调整、就业水平等方面的影响，从而筛选出最优的政策组合。企业则可以模拟不同战略决策（如市场进入战略、产品研发战略、供应链整合战略等）在不同市场环境与竞争态势下的效果，为企业战略规划提供数据支持。这将极大地提高工业经济运行管理与决策的科学性、前瞻性与有效性，助力工业经济在复杂多变的全球经济环境中稳健发展。

4）大数据驱动的工业经济安全与风险管理

随着工业互联网、智能制造等新兴技术在工业领域的加速渗透与广泛应用，工业经济面临的安全与风险挑战日益严峻复杂，犹如置身于风险的"风暴眼"之中。网络攻击如影随形，数据泄漏风险高悬，供应链中断危机四伏，系统性金融风险暗流涌动等，这些安全与风险问题犹如一颗颗不定时炸弹，严重威胁着工业经济的安全稳定运行。未来研究将聚焦于大数据驱动的工业经济安全与风险管理，致力于利用大数据技术构建全方位、多层次的工业经济安全监测与预警体系，为工业经济筑牢安全防线。

对工业网络流量数据、设备运行数据、企业财务数据、市场舆情数据等多源数据进行实时监测与深度分析,犹如在工业经济的各个关键节点部署了敏锐的"安全哨兵",能够及时、精准地发现潜在的安全威胁与风险隐患。利用机器学习算法建立风险预测模型,将成为风险防控的核心技术手段。这些模型能够基于海量历史数据与实时监测数据,对风险发生的概率、影响范围与危害程度进行精确预测与深入评估。例如:通过对工业网络流量数据进行分析,机器学习模型可以识别出异常的网络流量模式,判断是否存在网络攻击行为,并预测攻击可能造成的影响范围;通过对企业财务数据进行分析,模型可以发现企业财务指标的异常波动,预警企业可能面临的财务风险;通过对市场舆情数据进行分析,模型可以捕捉到市场对工业企业或行业的负面评价与舆论热点,从而提前防范声誉风险与市场风险。

开发基于大数据的风险应对决策支持系统,将为应对工业经济安全事件提供有力的"作战指挥中心"。根据风险预警信息与预测结果,这一系统能够快速生成针对性强、切实可行的风险应对策略与预案,实现对工业经济安全事件的实时响应与高效处置。例如:在面对网络攻击时,系统可以迅速启动网络安全应急响应预案,包括切断受攻击的网络连接、启动数据备份与恢复机制、追踪攻击源等措施;在应对供应链中断风险时,系统可以协调企业调整采购策略、寻找替代供应商、优化生产计划等,最大限度地降低风险损失,保障工业经济的安全稳定运行,使其在风险挑战面前具备更强的韧性与抗打击能力。

12.3 总结与对未来工业经济发展的展望

大数据工业经济统计在过往的发展历程中已然取得了令人瞩目的显著成就,犹如一座闪耀的灯塔,为工业企业的生产运营管理照亮了前行的道路,为政府部门的宏观经济调控与政策制定提供了精准有力的数据支撑与决策依据。随着技术的持续演进与应用的不断拓展,大数据工业经济统计必将在未来工业经济发展的宏伟蓝图中勾勒出更为浓墨重彩的一笔,发挥

智驱变革：
大数据赋能工业经济统计与产业升级

更为举足轻重的作用。

在技术维度，大数据相关技术的持续创新犹如强劲的引擎，将为工业经济统计注入源源不断的动力，推动其从传统的经验式、粗放式管理模式向数字化、智能化、精细化管理的崭新境界加速转型。数据采集技术的革新将确保信息获取的全面性与精准性；存储技术的突破将为数据的海量存储与高效调用提供坚实保障；数据分析技术的进阶将挖掘出数据背后更深层次的价值与规律；可视化技术的创新将使数据呈现更为直观易懂，助力决策的科学化制定。这一系列技术的协同发展将重塑工业经济统计的技术生态，为工业经济的高质量发展奠定坚实的技术基础。

在应用领域，大数据工业经济统计将如同一股汹涌澎湃的浪潮，深度融入工业生产、市场竞争、宏观调控等各个关键环节，成为推动工业经济创新发展、结构优化与可持续增长的核心驱动力。在工业生产领域，个性化定制生产与智能制造生态系统的构建将使企业更贴合市场需求，提升生产效率与产品附加值，增强企业在全球产业链中的竞争力。宏观调控层面，政府借助大数据能够实现政策制定的精准化与前瞻性，有效应对经济波动与危机，保障工业经济的平稳健康运行。市场竞争方面，企业通过大数据应用优化全球市场布局与战略创新管理，从传统竞争模式迈向创新与生态竞争新时代，拓展市场空间，实现可持续发展。

然而，我们必须清醒地认识到，大数据工业经济统计在其蓬勃发展的征程中仍面临诸多严峻挑战，犹如前行道路上的重重荆棘。数据质量问题犹如一颗"毒瘤"，侵蚀着数据分析的准确性与可靠性；技术瓶颈的存在限制了大数据应用的深度与广度；安全与隐私风险如达摩克利斯之剑，高悬于数据应用的上空；人才短缺则成为制约发展的关键短板，难以满足日益增长的技术与应用需求。未来，亟须政府部门、企业界、学术界以及科研机构等各方力量携手并肩，形成强大合力，共同攻克这些难题，持续推动大数据工业经济统计的深入研究与创新。政府应发挥引领与规范作用，制定前瞻性的政策法规，加大对大数据基础设施建设与科研投入的扶持力度，为大数据工业经济统计营造良好的政策与资源环境。例如，设立专项科研基金，鼓励高校与科研机构开展前沿技术研究；出台数据安全与隐私保护法规，明确数据使用边界与责任，增强社会对大数据应用的信任。

企业作为实践主体，需积极投入资源进行技术升级与人才培养，构建

第 12 章
未来展望与研究趋势

完善的数据管理与应用体系。大型企业可设立专门的大数据研发中心，加强与高校、科研机构的产学研合作，加速技术成果转化。中小企业则可借助云计算等服务模式，以较低成本进入大数据应用行列，提升自身的数据处理能力与管理水平。同时，企业要注重培养内部数据人才团队，通过培训、实践项目等方式，提升员工的数据素养与业务能力，使其能够熟练运用大数据工具解决实际问题。

学术界与科研机构应勇挑理论创新与技术突破的重担，深入探索大数据在工业经济统计中的新理论、新方法与新技术。例如，在数据融合算法、复杂系统建模、人工智能应用等方面持续深耕，为大数据工业经济统计提供坚实的理论支撑与技术源泉。加强国际学术交流与合作，积极参与全球大数据研究的前沿对话，引进吸收国外先进理念与技术，推动我国大数据工业经济统计研究与国际接轨，提升我国在全球的学术影响力与话语权。

展望未来，大数据与工业经济的深度融合将重塑工业经济的发展格局，开启全新的工业经济时代。工业企业将借助大数据的强大力量，实现智能化生产的全面升级。从生产流程的精细化管控到产品质量的卓越提升，从资源的高效配置到创新能力的持续激发，大数据将贯穿工业企业运营的每一个环节，成为企业发展的核心竞争力源泉。个性化定制生产将成为主流趋势，企业能够精准洞察每个客户的独特需求，快速响应市场变化，提供定制化产品与服务，满足消费者日益多样化与个性化的消费诉求，从而在激烈的市场竞争中脱颖而出。网络化协同将打破企业间的信息壁垒与地域限制，促进产业链上下游企业之间的紧密合作与资源共享，形成高效协同的产业生态网络，共同应对市场挑战，推动产业整体升级与创新发展。服务化转型将促使工业企业从单纯的产品制造商向综合服务提供商转变，以产品为载体，为客户提供全生命周期的增值服务，如设备远程监控、故障预警与维修、产品升级与优化等，拓展企业的盈利空间与市场影响力。

在宏观层面，政府部门将充分利用大数据优化宏观经济调控政策，实现精准施策。通过对海量工业经济数据进行实时监测与深度分析，政府能够及时准确地把握工业经济运行脉搏，提前预警经济风险与波动，为制定科学合理的财政政策、货币政策、产业政策等提供数据依据与决策支持。

智驱变革：
大数据赋能工业经济统计与产业升级

在产业扶持方面，大数据将助力政府精准识别具有发展潜力与战略重要性的产业领域与企业主体，有针对性地给予政策优惠、资金支持与资源配置，推动产业结构优化升级与战略性新兴产业培育发展，打造具有国际竞争力的现代产业体系。在市场监管领域，大数据技术将实现对工业市场秩序的全方位、动态化监管，及时发现并查处违法违规行为，维护公平竞争的市场环境，保障消费者权益与社会公共利益。在加强公共服务供给方面，政府可借助大数据分析了解企业与民众的实际需求，优化公共服务资源配置，提高教育、医疗、科研等公共服务的质量与效率，为工业经济发展提供坚实的社会基础保障。

大数据工业经济统计的发展还将催生一系列新兴产业与创新业态，为全球经济复苏与繁荣注入新的活力。大数据技术研发产业将蓬勃发展，吸引大量资本与人才涌入，推动数据采集、存储、分析、可视化等技术的不断创新与突破。数据服务产业将应运而生，为企业提供数据清洗、标注、分析、咨询等专业服务，帮助企业挖掘数据价值，提升数据应用能力。数据分析咨询行业将成为企业决策的重要智囊团，为企业提供基于大数据的战略规划、市场分析、风险评估等高端咨询服务，助力企业在复杂多变的市场环境中作出科学决策。同时，大数据与工业的融合还将带动相关配套产业的协同发展，如智能硬件制造、工业软件研发、网络通信等产业，形成完整的大数据工业经济产业链，创造大量的就业机会与经济增长点，推动区域经济一体化与全球经济合作深入发展。

总之，大数据工业经济统计作为工业经济数字化转型的核心引擎与关键支撑，其未来发展前景广阔，但也充满挑战与变数。我们必须以坚定的信念、敏锐的洞察力与不懈的努力，积极拥抱大数据时代的变革浪潮，充分发挥各方优势，攻克重重难关，持续推动大数据工业经济统计的创新发展与广泛应用。唯有如此，方能实现工业经济的高质量发展与可持续繁荣，为人类社会的进步与福祉贡献磅礴力量，在全球经济发展的历史长河中书写浓墨重彩的辉煌篇章。

参考文献

[1] 姚羽.工业大数据中数据采集和处理系统设计与测试分析[J].科技创新与应用,2024,14(33):22-25.

[2] 王婷婷.工业互联网环境下的工业大数据采集及应用[J].现代工业经济和信息化,2024,14(10):52-53+56.

[3] 田新.基于数据治理的制造业企业工业大数据的应用讨论[J].现代工业经济和信息化,2024,14(10):50-51+84.

[4] 眭演祥,陈中辉,王剑锋,等.基于大数据的工业企业能源管理平台设计与实现[J].电子产品可靠性与环境试验,2024,42(5):65-69.

[5] 赵堃.大数据时代制造业成本管理创新[J].中国品牌与防伪,2024(10):173-175.

[6] 谭文婷.大数据背景下的制造业全面预算管理策略[J].审计与理财,2024(10):28-30.

[7] 隋然.大数据背景下加快现代工业经济体系建设的研究[J].现代工业经济和信息化,2024,14(9):91-92+95.

[8] 郝诗佳.基于最大信息系数模型优化的江苏省工业企业指标数据分析[J].通信与信息技术,2024(5):99-102.

[9] 韩琳琳,赵曼,王茜茜,等.大数据驱动制造业数字化转型路径研究[J].牡丹江师范学院学报(社会科学版),2024(4):25-31.

[10] 张弛.工业大数据在皮革产业智能化仓储物流体系中的多元应用研究[J].中国皮革,2024,53(8):19-22+26.

[11] 张艳敏,赵占坤,杨元祥,等.工业大数据可视化系统实现[J].无线互联科技,2024,21(14):25-27.

[12] 孙少聪.基于深度学习的铝工业大数据时间序列分析方法研究[D].贵阳:贵州大学,2024.

[13] 朱浩,韦帅.基于边云协同的纺织工业云平台设计及实现[J].针织工业,2024(6):46-50.

[14] 柳叶青. 工业大数据平台的数据采集技术研究 [J]. 大数据时代, 2024(6): 21-24.

[15] 刘力维. 以大数据为基础的钢铁智能制造体系架构分析 [J]. 设备管理与维修, 2024(12): 1-3.

[16] 师婷. 珠江—西江经济带: 以大数据驱动工业企业高质量发展 [J]. 中国外资, 2024(12): 78-80.

[17] 惠宁. 由大转强: 数字经济驱动中国制造业高质量发展 [M]. 北京: 社会科学文献出版社, 2024.

[18] 朱建平. 大数据统计技术体系及其应用 [M]. 北京: 电子工业出版社, 2022.

[19] 杨铁莘. 大数据时代下的统计学 [M]. 2版. 北京: 电子工业出版社, 2019.

[20] 薛薇. R语言: 大数据分析中的统计方法及应用 [M]. 北京: 电子工业出版社, 2018.

[21] 苏爱艳. 统计学基础 [M]. 4版. 北京: 化学工业出版社, 2024.

[22] 罗素, 诺维格. 人工智能: 现代方法 [M]. 4版. 张博雅, 陈坤, 田超, 等译. 北京: 人民邮电出版社, 2022.